Anna Merzinger

Sommer in der Grundschule

Neuausgabe

Oldenbourg

PRÖGEL PRAXIS 228

Bibliografische Information Der Deutschen Bibliothek
Die Deutsche Bibliothek verzeichnet diese Publikation in der Deutschen
Nationalbibliografie; detaillierte bibliografische Daten sind im Internet
über <http://dnb.ddb.de> abrufbar.

© 2003 Oldenbourg Schulbuchverlag GmbH, München
www.oldenbourg-bsv.de

1. Auflage 2003 RE
Druck 07 06 05 04 03
Die letzte Zahl bezeichnet das Jahr des Drucks.

Umschlagkonzept: Mendell & Oberer, München
Umschlaggestaltung: Lutz Siebert-Wendt
Lektorat: Stefanie Fischer, Silvia Regelein
Herstellung: Fredi Grosser
Zeichnungen: Irmtraut Guhe, München
Satz: Greipel-Offset, Haag/Obb.
Druck und Bindung: Schneider Druck GmbH, Rothenburg ob der Tauber

ISBN 3-486-96028-8

Inhalt

Vorwort   4

1. Sommerzeit   5
So viele Tage hat der Sommer (Kopiervorlagen 1 bis 9)   5
Licht und Schatten (Kopiervorlagen 10 und 11) 17

2. Sommerwetter 31
Wir richten eine Wetterstation ein 31
Wir beobachten das Wetter (Kopiervorlagen 12 bis 21) 39
Sonnenschutz ist wichtig (Kopiervorlagen 22 bis 27) 58

3. Die Natur im Sommer erleben 70
Verhaltensregeln in der Natur (Kopiervorlagen 28 und 29) 70
Wir entdecken die Sommerwiese (Kopiervorlage 30) 76
Die Hecke lebt (Kopiervorlage 31) 97
Der Wald im Sommer 107
Die Natur als Künstlerin 116
Spiele in der Natur 123

4. Wasser - das Element des Sommers 127
Erfahrungsraum Wasser (Kopiervorlage 32) 127
Lebensraum für Tiere und Pflanzen (Kopiervorlage 33) 136
Wasserkreislauf (Kopiervorlage 34) 144
Baderegeln (Kopiervorlagen 35 und 36) 153
Wir bauen einfache Wasserfahrzeuge 161

5. Der Sommer schmeckt gut 165
Die Bedeutung von Obst und Gemüse (Kopiervorlagen 37 und 38) . . 165
Einfache Rezepte für Kinder 169

Vorwort

Dieses Buch will Grundschulkinder während der Sommermonate begleiten. Die Anregungen lassen sich sowohl im eher gelenkten Unterricht und in Vertretungsstunden, als auch im Wochenplanunterricht oder während der freien Arbeit umsetzen.

Die sommerlichen Themen sind fächer- oder lernbereichsübergreifend konzipiert, wobei insbesondere die Fächer Deutsch, Sachunterricht, Musik- und Kunsterziehung berücksichtigt werden. Kolleginnen und Kollegen können einzelne Bausteine aus den Themenbereichen Zeit, Wetter, Natur, Wasser sowie Obst und Gemüse auswählen und in ihren individuellen Klassenlehrplan aufnehmen.

Jeder sommerliche Themenbereich ist so aufgebaut, dass viel Raum zum kreativen sprachlichen oder musischen Gestalten, Experimentieren und Spielen ist. Die zahlreichen Kopiervorlagen, Anleitungen zu Karten-, Würfel- oder Bewegungsspielen unterstützen diesen praxisorientierten Ansatz. Dabei können sich die Kinder möglichst selbstständig und eigenaktiv mit den einzelnen Themen auseinandersetzen. Die vielen kopierfähigen Karten mit Handlungsanleitungen zu Versuchen, Bastelarbeiten oder Kochrezepten unterstützen diese pädagogische Intention. Nicht zuletzt wird damit auch ein Beitrag zum sinnerfassenden Lesen geleistet. **Es empfiehlt sich, alle kopierfähigen Vorlagen auf 150 % zu vergrößern (entspricht in etwa DIN-A4-Format).**

Gerade wenn der Sommer viele Kinder und auch Lehrerinnen und Lehrer nach draußen lockt, lassen sich mit dem vorliegenden Buch sommerliche Projekte im Schulhof und in der näheren Schulumgebung durchführen. Dabei bietet sich dann ausgiebig die Gelegenheit, den Sommer mit allen Sinnen lustbetont und aktiv zu erleben.

Anna Merzinger

1. Sommerzeit

SO VIELE TAGE HAT DER SOMMER

Wir gestalten ein Sommertagebuch

Die Titelseite (KV 1, S. 8) wird ausgestaltet, wenn die Kinder Anregungen durch das Gedicht „Sommer" von Ilse Kleberger (KV 2, S. 9) oder das Sommerlied von Elisabeth Unkel (KV 3, S. 10) erhalten haben.

Bevor die Kinder das eigentliche Tagebuch beginnen, kann eine Informationsseite über wichtige Kalendertage im Sommer (KV 4, S. 11) eingefügt werden.

Am Anfang jedes neuen Monats steht ein von den Kindern individuell ausgestaltetes Monatsblatt (KV 5, S. 12), das mit Bildern, Fotos, gepressten Gräsern und Blumen oder Pflanzendrucken geschmückt wird.

Danach beginnt das eigentliche Tagebuch (wahlweise KV 6 und 7, S. 13/14). Die Kinder schreiben und zeichnen zu Tagen, an denen sie etwas Besonderes erlebt haben.

● *Tipp:*

Nicht jedes Kind in der Klasse führt sein eigenes Tagebuch, sondern die Klasse gestaltet gemeinsam ein Sommertagebuch, in dem die Geschichten aller Kinder gesammelt werden. So entsteht ein besonders dickes Sommerbuch, das bestimmt immer wieder gern gelesen wird.

Wir gestalten einen Sommerbaum

Nach der Einführung des Liedes „Wir tragen den Sommerbaum" (S. 7) wird ein Ast mit sommerlichen Motiven geschmückt. Diese werden gezeichnet und ausgeschnitten oder aus Tonpapier gebastelt. An den Sommerbaum können auch Obst- und Gemüsesorten der Saison (aus Plastik oder Pappmaché) gehängt werden. Besonders dekorativ sind kleine Gegenstände aus Naturmaterialien (beispielsweise kleiner Heuballen, gepresste Gräser und Blumen in selbst klebender Folie, gefundene Vogelfeder usw.).

● *Tipp:*

Der Sommerbaum wird schrittweise in jedem Monat weiter ausgeschmückt. So wird stets ein aktueller Bezug zum laufenden Monat (beispielsweise Kirschenernte, Badesaison, Urlaubsmonat) hergestellt.

Gedicht „Sommer"

Da das Gedicht (KV 2) die verschiedenen Sinne anspricht, wird ein Sinnesparcours im Klassenzimmer eingerichtet.

Riechstation: Heu, stark riechende Blumen, frisch gemähtes Gras, Sonnencreme

Schmeckstation: verschiedene Obst- und Gemüsesorten der Saison, essbare Wiesenkräuter, diverse Fruchtsäfte

Hörstation: Tonbandaufnahme von verschiedenen sommerlichen Geräuschen (Schwimmbad, Gewitter, Vogelstimmen, Grillenzirpen, Traktor, Froschquaken)

● *Tipp:*

Das Gedicht wird ausgeweitet mit der Frage: Weißt du, wie sich der Sommer anfühlt? Nach einer Sammlung entsprechender Ideen wird eine Fühlstation eingerichtet. Mögliche Fühlobjekte sind: Sand, Rinde, Erde, Gras, Stiel einer Heckenrose, leeres Schneckenhaus ...

Wir schreiben Sommergedichte

Zunächst sammeln die Kinder in Gruppen Wörter, die sie mit dem Sommer assoziieren. Anschließend schreiben sie eigene Gedichte. Einfache Formen stellen Elfchen und Avenidas dar.

● Tipp:

Die gesammelten Wörter werden auf Wortkarten geschrieben und in verschiedenen Dosen, nach Wortarten getrennt, gesammelt.

Bauplan eines Elfchens (vgl. auch KV 8, S. 15):
Adjektiv – ein Wort
Artikel und Nomen (Bezug zum Adjektiv) – zwei Wörter
Aussage über das Nomen – drei Wörter
Aussage in Ich-Form – vier Wörter
Quintessenz – ein Wort

Bauplan eines Avenidas (vgl. auch KV 9, S. 16)
Es werden nur Substantive verwendet, die durch die Konjunktion „und" miteinander verbunden sind. Die letzte Zeile stellt eine Pointe dar, die die aufgebaute Stimmung entweder aufrecht erhält oder zerstört.

Schema (Jede Zahl steht für ein Nomen):
1
1 und 2
2
2 und 3

1
1 und 3
1 und 2 und 3 und
4

• *Tipp:*
Besonders reizvoll kann es auch sein, wenn Sommergedichte zeilenweise zerschnitten und von den Kindern zu neuen Gedichten zusammengesetzt werden.

Wir tragen den Sommerbaum

Text und Melodie: Cesar Bresgen

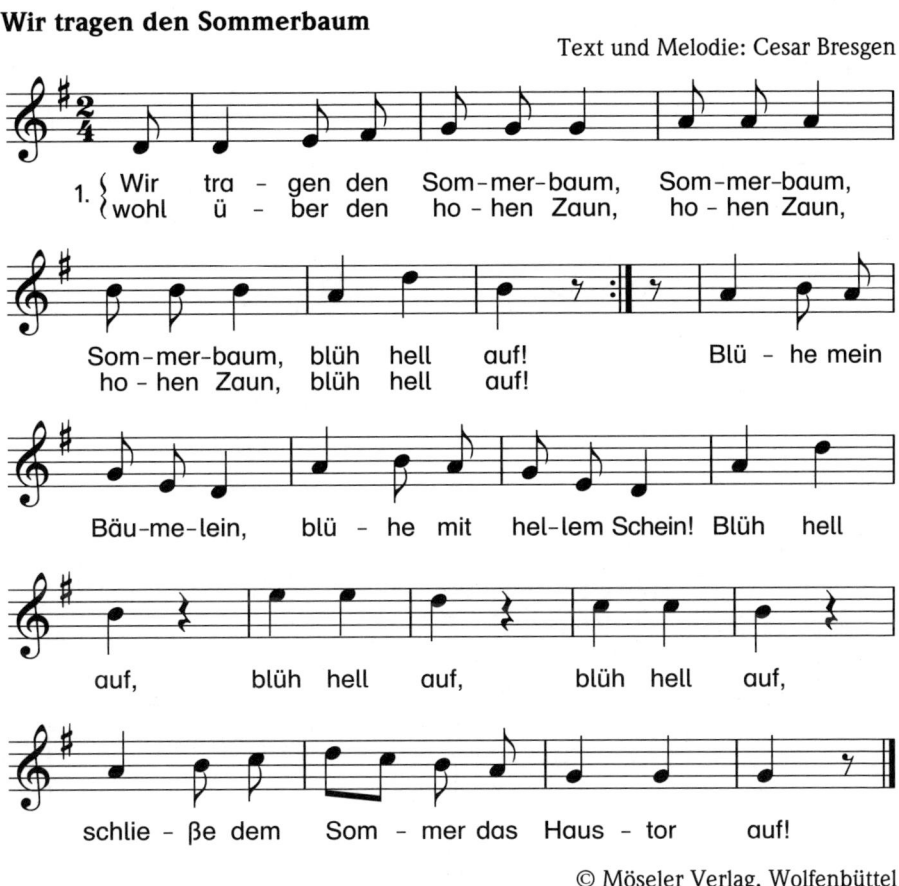

Mein Sommertagebuch

Juni

Juli

Sommertagebuch

Mein

Dieses Buch gehört

_____

August

September

Sommer

Weißt du, wie der Sommer riecht?
Nach Birnen und nach Nelken,
nach Äpfeln und Vergissmeinnicht,
die in der Sonne welken,
nach heißem Sand und kühlem See
und nassen Badehosen,
nach Wasserball und Sonnencrem
nach Straßenstaub und Rosen.

Weißt du, wie der Sommer schmeckt?
Nach gelben Aprikosen
und Walderdbeeren, halb versteckt
zwischen Gras und Moosen,
nach Himbeereis, Vanilleeis
und Eis aus Schokolade,
nach Sauerklee vom Wiesenrand
und Brauselimonade.

Weißt du, wie der Sommer klingt?
Nach einer Flötenweise,
die durch die Mittagsstille dringt,
ein Vogel zwitschert leise,
dumpf fällt ein Apfel in das Gras,
ein Wind rauscht in den Bäumen,
ein Kind lacht hell, dann schweigt es schnell
und möchte lieber träumen.

Ilse Kleberger

(Aus: *Hans-Joachim Gelberg* (Hrsg.), Die Stadt der Kinder. Georg Bitter Verlag.
Recklinghausen 1969)

Sommerlied

Melodie und Text: Elisabeth Unkel

1. Blau der Him - mel, Son - nen - schein, ja, so muss der Som - mer_ sein - ja, so muss der Som - mer_ sein.

2. Barfuß laufen,
   Tau im Gras,
   ja, so macht der Sommer Spaß.

3. Schmetterlinge,
   Blumenpracht,
   ja, ob das nicht glücklich macht!

4. Und dann noch die
   Ferienzeit!
   Sommerglück ist weit und breit.

5. Wiese, Seen, Wald und Feld,
   Herr, wir hüten deine Welt –
   ja, wir hüten deine Welt.

© bei der Verfasserin

Wichtige Kalendertage im Sommer

21. / 22. Juni: Sommeranfang

Die Sonne hat bei uns ihren höchsten Stand erreicht. Deshalb beginnt an diesem Tag dem Kalender nach der Sommer. Jetzt ist es am längsten hell, nämlich ungefähr 16 Stunden. Nach dem Sommeranfang steht die Sonne wieder niedriger. Deshalb spricht man auch von Sonnenwende. Die Sonne geht dann jeden Tag ein bisschen später auf und etwas früher unter. Schließlich steht sie am Winteranfang (21. Dezember) am niedrigsten.

Übrigens: Wenn bei uns auf der Nordhalbkugel der Erde der Sommer beginnt, wird es auf der Südhalbkugel in Australien, Südamerika und Südafrika Winter.

24. Juni: Johannistag

An diesem Tag wird der Geburtstag von Johannes dem Täufer gefeiert. Weil Jesus Johannes mit einer hellen Lampe vergleicht, wird das Sonnwendfeuer oft nicht am Tag des Sommeranfangs, sondern erst am Abend des Johannistages entzündet.

Der Brauch des Johannisfeuers ist fast in ganz Europa bekannt und stammt noch aus vorchristlicher Zeit. Damals glaubten die Menschen, dass das Feuer die bösen Geister vertreibt. Der Sprung über das Feuer sollte vor Unglück und Krankheiten bewahren.

27. Juni: Siebenschläfer

Eine Bauernregel sagt: Wenn die Siebenschläfer Regen kochen, regnet es noch sieben Wochen. Eigentlich hat dieser Tag aber nichts mit dem Tier Siebenschläfer zu tun. Vielmehr sollen der Legende nach vor vielen hundert Jahren zur Zeit der Christenverfolgung sieben Brüder in einer Höhle eingemauert worden sein. Diese starben aber nicht, sondern schliefen nur ein. Lange Zeit später weckte man sie wieder auf.

22. / 23. September: Sommerende

An diesem Tag beginnt bei uns auf der Nordhalbkugel der Erde der Herbst.
Auf der Südhalbkugel wird es jetzt Frühling.

Das habe ich heute erlebt:

Datum: _____

Das habe ich heute erlebt:

Datum: _____

_____

_____

_____

_____

_____

_____

_____

_____

Name: _____

Hell.
Die Sonne
strahlt am Himmel.
Ich liege im Gras.
Herrlich!

So ist ein Elfchen aufgebaut:

1. Zeile: Ein Wort → Wie ist ✳?
2. Zeile: Zwei Wörter → Namenwort ✳ mit Begleiter.
3. Zeile: Drei Wörter → Wie ist ✳ oder was macht ✳?
4. Zeile: Vier Wörter → Ein Satz, der mit „Ich" beginnt.
5. Zeile: Ein Wort → Schlusswort

Schreibe jetzt dein Sommer-Elfchen.

_____

_____

_____

_____

_____

Name: _____

Sonne
Sonne und Wind
Wind
Wind und Meer
Sonne
Sonne und Meer
Sonne und Wind und Meer und
Ferien

So ist dieses Gedicht aufgebaut:

Namenwort ✱
Namenwort ✱ und Namentwort ✧
Namenwort ✧
Namenwort ✧ und Namenwort ✪
Namenwort ✱
Namenwort ✱ und Namenwort ✪
Namenwort ✱ und Namenwort ✧ und Namenwort ✪ und
Namenwort ✲

Schreibe jetzt dein eigenes Sommer-Gedicht.

_____

_____ und _____

_____

_____ und _____

_____

_____ und _____

_____ und _____ und _____ und

_____

LICHT UND SCHATTEN

„Ich schenk dir einen Sonnenstrahl"

Das Lied „Ich schenk dir einen Sonnenstrahl" (KV 10, S. 20) lässt sich gut mit Gesten begleiten, die die Kinder selber finden. So kann man das Lied tänzerisch umsetzen:

1. Strophe:
Die Kinder bilden einen Innen- und einen Außenkreis mit der Blickrichtung zur Kreismitte. Sie bewegen sich mit Handfassung in beiden Kreisen in jeweils entgegengesetzter Richtung zueinander.

2. Strophe:
Die Kinder des Innenkreises drehen sich nach außen um, sodass sich die Kinder der beiden Kreise anschauen. Während die Kinder beider Kreise in entgegengesetzten Richtungen gehen, berühren die Kinder des Innenkreises mit ihren Handinnenflächen die Handinnenflächen der Kinder des Außenkreises und „verschenken so Sonnenstrahlen".

3. Strophe:
Die Kinder beider Kreise bilden einen großen gemeinsamen Kreis und bewegen sich zum Ende des Liedes in Richtung Kreismitte.

* *Tipp 1:*
In der Kreismitte liegt eine riesige Sonne. Sie wird mit Tüchern in verschiedenen Gelbtönen gelegt oder von den Kindern in einer Gemeinschaftsarbeit in verschiedenen Gelbtönen gemalt.

* *Tipp 2:*
Die Kinder basteln sich eine Kopfbedeckung in Sonnenform aus gelbem Tonpapier oder Zeichenpapier, das in verschiedenen Gelbtönen eingefärbt wird.
So wird es gemacht:
* Man schneidet einen Kreis aus dem Papier aus.
* In die Mitte des Kreises zeichnet man einen weiteren Kreis.
* Jetzt schneidet man das Papier vom äußeren Rand bis zum inneren Kreis so ein, dass mehrere gleich große Segmente entstehen.
* Nun windet man einen Faden zwischen den einzelnen Segmenten hindurch, zieht die beiden Fadenenden schließlich vorsichtig etwas zusammen und verknotet sie miteinander.

Bastelt man die Sonnen kleiner, stellen sie einen dekorativen Schmuck für den Sommerbaum (vgl. S. 5) oder für das Fenster dar.

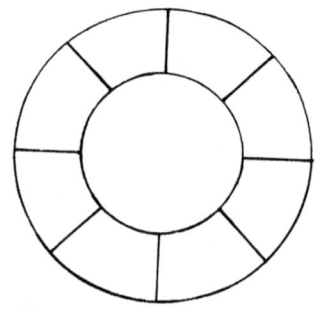 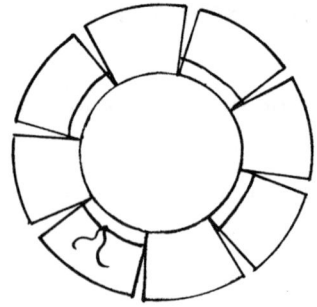

● *Tipp 3:*

In Verbindung mit dem Lied bietet sich auch eine Fantasiereise an. Hierzu sitzen die Kinder bequem hintereinander im Stuhlkreis, sodass die Kinder jeweils den Rücken des vor ihm sitzenden Kindes sehen. Unterstützend kann während der Fantasiereise leise meditative Musik laufen.

Text zur Fantasiereise:

✳ Deine Füße berühren den Boden. Du sitzt aufrecht und entspannt da. Dein Rücken spürt die Lehne des Stuhls. Deine Hände liegen locker auf deinen Oberschenkeln. Wenn du jetzt gleich in deinem Kopf auf eine Reise gehst, ist es gut, wenn du deine Augen schließen kannst. Dann kannst du dir alles leichter vorstellen. Mach also die Augen, wenn sie langsam müde werden, ganz locker zu und freu dich auf die Reise.

✳ In deiner Vorstellung verlässt du jetzt deinen Platz und gehst aus dem Zimmer. Draußen gehst du eine Treppe nach unten. Am Ende der Treppe siehst du eine Tür. Öffne sie. Du betrittst ein gemütliches Zimmer, dein Lieblingszimmer. Dort ist alles so eingerichtet, wie du es gerne hast. Schau dich ruhig um. – Auf einmal siehst du, dass draußen ein großer Ballon vor dem Haus landet. Du öffnest die Terrassentür und machst es dir im Korb des Ballons gemütlich. Dort ist es ganz warm und weich. Langsam hebt der Ballon mit dir ab. Er schwebt höher und höher mit dir. Alles wird immer kleiner. Du kannst alles gut sehen. Du fühlst dich ganz leicht wie eine Feder. Du schwebst über den Wald und die Berge.

Über dir strahlt die Sonne hell und warm. Du fühlst die warme Sonne in deinem Gesicht. Nun landet der Ballon sacht auf einer Wiese. Du steigst aus. Es ist ein herrlicher Sommertag. Es ist ganz warm. Deshalb ziehst du deine Schuhe und Socken aus. Du gehst barfuß über das warme, weiche Gras. Schließlich legst du dich ins Gras. Die Sonne macht deinen Körper ganz warm und schwer. Du atmest tief ein und aus. Du riechst das frische Gras. Du hörst die Bienen summen und die Vögel zwitschern. Du hast viel Zeit. Genieße es.

✳ Langsam wird es Zeit für die Rückkehr. Neben dir steht der Ballon. Du steigst ein. Vorsichtig hebt der Ballon ab. Du fühlst dich wieder leicht und gut. Kuschle dich in den Korb des Ballons. Dort ist es weich und warm. Der Ballon schwebt zum Haus zurück und landet wieder ganz vorsichtig. Du steigst aus und gehst zurück ins Haus. Jetzt bist du wieder in deinem Lieblingszimmer. Du weißt, dass du in deiner Vorstellung immer hierher zurückkommen kannst. Verabschiede dich für heute von deinem Zimmer. Geh die Treppe hinauf zum Klassenzimmer. Öffne die Tür des Klassenzimmers und komme zurück auf deinen Platz. Ich zähle jetzt langsam bis fünf. Bei fünf bist du wieder ganz da, öffnest die Augen und räkelst dich. 1 – 2 – 3 – 4 – 5. Mach jetzt die Augen auf. Streck dich und gähne. Atme ganz tief durch.

Im Anschluss an die Fantasiereise reiben die Kinder ihre Handinnenflächen ganz fest aneinander und legen dem vor ihm sitzenden Kind die warmen Hände auf den Rücken.

Die Kinder drehen jetzt ihre Stühle in Richtung Kreismitte, damit sie sich anblicken können, und haben Gelegenheit, über das Erlebte zu sprechen.

Anmerkung:

Die mit ✳ gekennzeichneten Abschnitte können für beliebige Fantasiereisen verwendet werden. Gleich bleibende Elemente erhöhen nämlich das Gefühl von Sicherheit und Vertrautheit.

Ich schenk dir einen Sonnenstrahl

Text: Rolf Krenzer/Musik: Detlev Jöcker

1. Ich schenk dir ei - nen Son - nen - strahl, da - mit du wie - der lachst und an - dern Leu - ten wie - der mal 'ne klei - ne Freu - de machst. Und an - dern Leu - ten wie - der mal 'ne klei - ne Freu - de machst.

2. Ich schenk dir einen Sonnenstrahl,
   dann spürt es jedermann:
   Ein Sonnenstrahl steckt tausendmal
   die anderen alle an.
   Ein Sonnenstrahl steckt tausendmal
   die anderen alle an.

3. Ich schenk dir einen Sonnenstrahl,
   damit du daran denkst,
   dass du mir diesen Sonnenstrahl,
   wenn ich ihn brauche, schenkst,
   dass du mir diesen Sonnenstrahl,
   wenn ich ihn brauche, schenkst.

(Aus: Buch, CD und MC: Elefantis Liederwiese. Alle Rechte im Menschenkinder Verlag. 48157 Münster)

Anregungen zum Experimentiertisch „Sonne"

Folgende Handlungskarten geben den Kindern Anregungen zu kleinen Experimenten und Bauanleitungen.

Themen:
Wir bauen eine Sonnenuhr
Wir machen einen Regenbogen
Sonnenuntergang im Glas
Wir bauen ein Kaleidoskop

Materialkiste zum Experimentiertisch:

Holzstab
Blumentopf aus Ton
wasserfeste Farben, permanenter Folienstift
eventuell: Gymnastikreifen, Kieselsteine
flache Glasschale mit Wasser
Spiegel
Taschenlampe
Knetmasse
eventuell: Gartenschlauch
Wasserglas
etwas Milch
Löffel
drei kleine Spiegel in gleicher Größe
Klebeband
Tonkarton und Pauspapier
kleine Perlen
Schere und Bleistift
eventuell: Karton, Aluminiumpapier, Kleber

Wir bauen eine Sonnenuhr

Das braucht ihr dazu:
- dünner Stab
- Blumentopf aus Ton
- wasserfester Folienstift

So wird es gemacht:
- Stellt den Blumentopf mit der Öffnung nach unten an eine sonnige Stelle im Schulhof.
  Steckt den Stab in das Bodenloch des Blumentopfes.
  Wenn ihr den Stab und den äußeren Teil des Topfes vorher bunt bemalt, sieht eure Sonnenuhr besonders schön aus.
- Beobachtet den Schatten des Stabes zu jeder vollen Stunde (8 Uhr, 9 Uhr, 10 Uhr ...). Macht mit dem wasserfesten Stift genau dort einen Strich auf dem Blumentopf, wo der Schatten hinfällt.
  Schreibt die Uhrzeit zu jedem Strich.

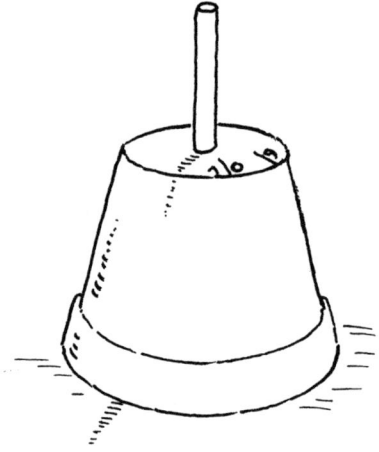

- *Tipp:*
Befestigt einen Stab in der Erde an einem sonnigen Platz im Schulhof. Legt einen Gymnastikreifen darum. Beobachtet jetzt den Schatten stündlich. Legt jeweils einen Kieselstein an die Stelle des Reifens, auf die der Schatten des Stabes fällt. Schreibt auf den Kieselstein mit wasserfester Farbe die Uhrzeit.

Wir machen einen Regenbogen

Das braucht ihr dazu:
* Glasschale
* Spiegel
* Taschenlampe
* Wasser, Knetmasse

So wird es gemacht:
* Füllt die Glasschale halb voll mit Wasser.
* Stellt den Spiegel schräg in die Schale und befestigt ihn mit Knetmasse.
* Beleuchtet mit der Taschenlampe den Teil des Spiegels, der unter Wasser ist. Ein Regenbogen wird sichtbar.
  Falls ihr den Regenbogen nicht gleich seht, müsst ihr die Taschenlampe etwas hin und her bewegen.
  Wie viele Farben könnt ihr erkennen?

Warum sehen wir einen Regenbogen am Himmel?
Das weiße Sonnenlicht ist eigentlich eine Mischung von Licht verschiedener Farben. Diese Farben sind aber normalerweise nicht für unsere Augen sichtbar. Wenn es nun regnet und gleichzeitig die Sonne scheint, werden die Farben des Sonnenlichts beim Durchgang durch die Regentropfen verschieden stark „gebrochen". Deshalb sehen wir die Farben als Band nebeneinander am Himmel.

* *Tipp:*
Stelle dich an einem sonnigen Tag im Garten mit dem Rücken zur Sonne. Sprühe mit einem Gartenschlauch einen Wasserschleier. Ein Regenbogen erscheint. Je feiner die Tröpfchen sind, desto schöner wirkt der Regenbogen.

Sonnenuntergang im Glas

Das braucht ihr dazu:
- Glas mit Wasser
- Milch
- Löffel
- Taschenlampe

So wird es gemacht:
- Füllt ein Glas mit Wasser. Leuchtet mit der Taschenlampe durch das Wasser. Das Licht erscheint weiß. Genauso ist es, wenn die Sonne hoch am Himmel steht.
- Gießt etwas Milch ins Wasser und rührt um, damit das Wasser gleichmäßig trüb wird.
- Leuchtet mit der Taschenlampe durch das milchige Wasser. Das Licht erscheint jetzt orange. So sieht das Licht der untergehenden Sonne aus.

Warum ist das so?
Wenn die Sonne auf- oder untergeht, muss ihr Licht einen längeren Weg durch die Lufthülle der Erde bis zu unserem Auge zurücklegen als am Tag, wenn die Sonne hoch am Himmel steht. In der Luft befinden sich winzige Gas- und Staubteilchen. Sie filtern auf dem langen Weg des Lichts am Morgen und am Abend einen Teil des Lichts heraus. Übrig bleiben nur rotes und oranges Licht.

Wir bauen ein Kaleidoskop

Was ist das?
Der Name Kaleidoskop kommt aus dem Griechischen
und bedeutet Schönbildschauer.

Das braucht ihr dazu:
- drei kleine Spiegel in gleicher Größe
- Klebeband
- Tonkarton und Pauspapier
- kleine Perlen
- Bleistift, Schere
- eventuell: Taschenlampe

So wird es gemacht:
- Klebt die drei Spiegel mit dem Klebeband so zusammen, dass eine dreieckige Röhre entsteht. Die Spiegelflächen müssen nach innen zeigen.
- Stellt die Röhre mit einer Öffnung nach unten auf den Tonkarton. Fahrt mit Bleistift den Umriss der Öffnung (Dreieck) nach.
- Schneidet das Dreieck aus und bohrt mit dem spitzen Bleistift ein Loch in die Mitte.
- Klebt das Dreieck mit dem Klebeband auf eine der Öffnungen der Spiegelröhre.
- Über die andere Öffnung klebt Pauspapier.
- Werft einige Perlen durch das Loch.
- Schaut durch das kleine Loch, während ihr das Kaleidoskop gegen das helle Licht haltet. In dunkleren Räumen könnt ihr auch mit einer Taschenlampe das Kaleidoskop von hinten beleuchten.
  An den Innenseiten der Spiegelröhre seht ihr mehrere Abbildungen der Perlen, die ein Muster bilden. Wenn ihr die Röhre dreht, entstehen immer wieder neue Muster.

- *Tipp:*
Falls ihr keine kleinen Spiegel habt, beklebt ihr ein Stück Karton (20 cm lang und 15 cm breit) mit glänzender Aluminiumfolie. Die Aluminiumfolie muss völlig glatt sein. Die Breite (15 cm) des Kartons teilt ihr in drei gleich große Teile (5 cm breit) ein und knickt den Karton zu einer dreieckigen Röhre. Klebt sie mit dem Klebeband zusammen.

Spiele mit dem Schatten

Diese Spiele werden bei sonnigem Wetter auf dem Schulhof durchgeführt. Die sich ändernde Schattenlänge im Laufe des Vormittags sollte dabei unbedingt berücksichtigt werden. So lassen sich beispielsweise am frühen Morgen mit noch recht langen Schatten hohe Schattentürme bauen, während das Schattenfangen gegen Mittag einen größeren Anreiz bietet. Sicher erfinden die Kinder nach einiger Zeit auch eigene Schattenspiele, die sie gerne auf dem Schulhof erproben.

• Schattenfangen
Benötigt werden große Bögen Papier (eventuell Tapetenrolle) und Stifte.
Hinführung:
Zunächst versuchen die Kinder, vor ihrem eigenen Schatten wegzulaufen. Nach einer Weile beobachten sie, wo sich die Schatten ihrer Mitschüler befinden (vor oder hinter ihnen).
Erkenntnis: Die Sonne ist immer auf der einen und der Schatten auf der anderen Seite.
Durchführung der Schattenvergleiche:
Die Kinder „fangen" auf dem Papier den Schatten eines Mitschülers ein. Die Umrisse des „eingefangenen" Körperschattens werden auf das Papier gezeichnet und ausgeschnitten. Auf dem Schattenbild werden neben dem Namen des Kindes dessen Körpergröße, die Länge des Schattens und die Uhrzeit des Schattenfangens vermerkt.
Dieses Spiel wird am frühen Morgen, am Mittag und nach Möglichkeit am Nachmittag wiederholt. Schließlich werden die Schattenumrisse miteinander verglichen und in Verbindung mit dem Sonnenstand zu den verschiedenen Tageszeiten gebracht.

• Schattenjäger
Einige Kinder sind Schattenjäger. Sie versuchen, in die Schatten der gejagten Kinder zu treten. Gelingt ihnen das, setzen sich die gefangenen Kinder in den Schatten.

• Schattenschlucken
Immer zwei Kinder versuchen, aus ihren beiden Schatten einen gemeinsamen Schatten zu bilden. Welchem Paar gelingt es zuerst?

• Schattentürme
Die Kinder „bauen" in Gruppen aus ihren Schattenbildern möglichst hohe Türme. Die Lehrerin misst die Länge der Schattentürme.

- **Schattenkette**

Die Schatten der Kinder geben sich die Hände, während sich die Kinder selbst nicht berühren.

- **Schattendenkmal**

Die Kinder bilden in Gruppen mit ihren Schattenbildern Denkmäler. Eventuell verwenden sie dazu auch Gegenstände. Während eine Hälfte der Kinder Schattendenkmäler baut, denkt sich die andere Hälfte der Kinder möglichst lustige Namen für die Schattenkunstwerke aus.

Würfelspiel „Sommerzeit"

Dieses Spiel (KV 11, S. 30) ermöglicht es den Kindern, sich vertieft mit den Informationen aus dem ersten Kapitel auseinanderzusetzen.

Vorbereitung des Spiels:

Von den 50 Feldern des Spielplanes werden 20 beliebige Felder (etwa jedes zweite oder dritte Feld) rot angemalt.
Die Fragekarten werden verdeckt auf einem Stapel in die Mitte des Spielplanes (Sonne) gelegt.

Spielregeln:
- Der jüngste Mitspieler beginnt. Würfelt reihum. Wer eine Sechs würfelt, verlässt das Sommerhaus.
- Kommst du auf ein rotes Feld, nimmt der vorhergehende Spieler die oberste Karte aus der Sonne und liest dir die Frage vor. Beantwortest du die Frage richtig, darfst du noch einmal würfeln. Ansonsten musst du einmal aussetzen. Die Karte legt ihr wieder unter den Stapel.
- Den Sommergarten am Ziel kannst du nur betreten, wenn du eine passende Zahl würfelst.

An welchem Tag beginnt dem Kalender nach der Sommer? Lösung: Am 21. oder am 22. Juni	Wie lange bleibt es ungefähr am Sommeranfang hell? Lösung: Ungefähr 16 Stunden
Was bedeutet Sonnenwende? Lösung: Am Sommeranfang hat die Sonne ihren höchsten Stand. Dann steht die Sonne wieder niedriger. Sie geht also jeden Tag etwas später auf und etwas früher unter.	Nenne ein Land, in dem es Winter wird, wenn bei uns der Sommer beginnt. Lösung: Südafrika, Südamerika, Australien
An welchem Tag wird der Johannistag gefeiert? Lösung: Am 24. Juni	Dem Johannisfeuer schrieben die Menschen früher besondere Kräfte zu. Welche? Lösung: Es vertreibt die bösen Geister. Es bewahrt vor Unglück und Krankheit.
An welchem Tag ist Siebenschläfer? Lösung: Am 27. Juni	Nenne die Bauernregel an Siebenschläfer. Lösung: Wenn die Siebenschläfer Regen kochen, regnet es noch sieben Wochen.
Der Tag Siebenschläfer hat nichts mit dem Tier zu tun. Womit dann? Lösung: Während der Christenverfolgung wurden sieben Brüder in einer Höhle eingemauert. Sie sind der Legende nach aber nicht gestorben, sondern haben nur sehr lange geschlafen.	Wann endet der Sommer dem Kalender nach? Lösung: Am 22. oder 23. September

Nenne die Monate, in denen dem Kalender nach Sommer ist. Lösung: Juni, Juli, August, September	Welche Jahreszeit ist in Australien, wenn bei uns der Herbst beginnt? Lösung: Frühling
Erkläre, wie du eine einfache Sonnenuhr bauen kannst. Lösung: Einen Stab in einen Blumentopf stecken und in die Sonne stellen. Jede volle Stunde am Rand des Blumentopfes einen Strich machen, wo der Schatten des Stabes hinfällt.	Warum erscheint beim Regenbogen das Sonnenlicht als farbiges Band? Lösung: Die Farben des Sonnenlichtes werden beim Durchgang durch die Regentropfen verschieden stark gebrochen.
Wie kannst du im Freien ganz leicht einen Regenbogen machen? Lösung: Ich stelle mich mit dem Rücken zur Sonne und sprühe mit dem Gartenschlauch einen Wasserschleier.	Welche Farben hat das Licht der Sonne am Abend oder am Morgen? Lösung: Rot und Orange
Was bedeutet der Name Kaleidoskop? Woher kommt er? Lösung: Er bedeutet Schönbildschauer und kommt aus dem Griechischen.	Wann sind die Schatten am längsten? Lösung: Am frühen Morgen oder am Abend
Wann sind die Schatten am kürzesten? Lösung: Am Mittag	Warum verändert sich die Länge des Schattens im Laufe des Tages? Lösung: Das liegt am Stand der Sonne. Je höher die Sonne am Himmel steht, desto kürzer ist der Schatten.

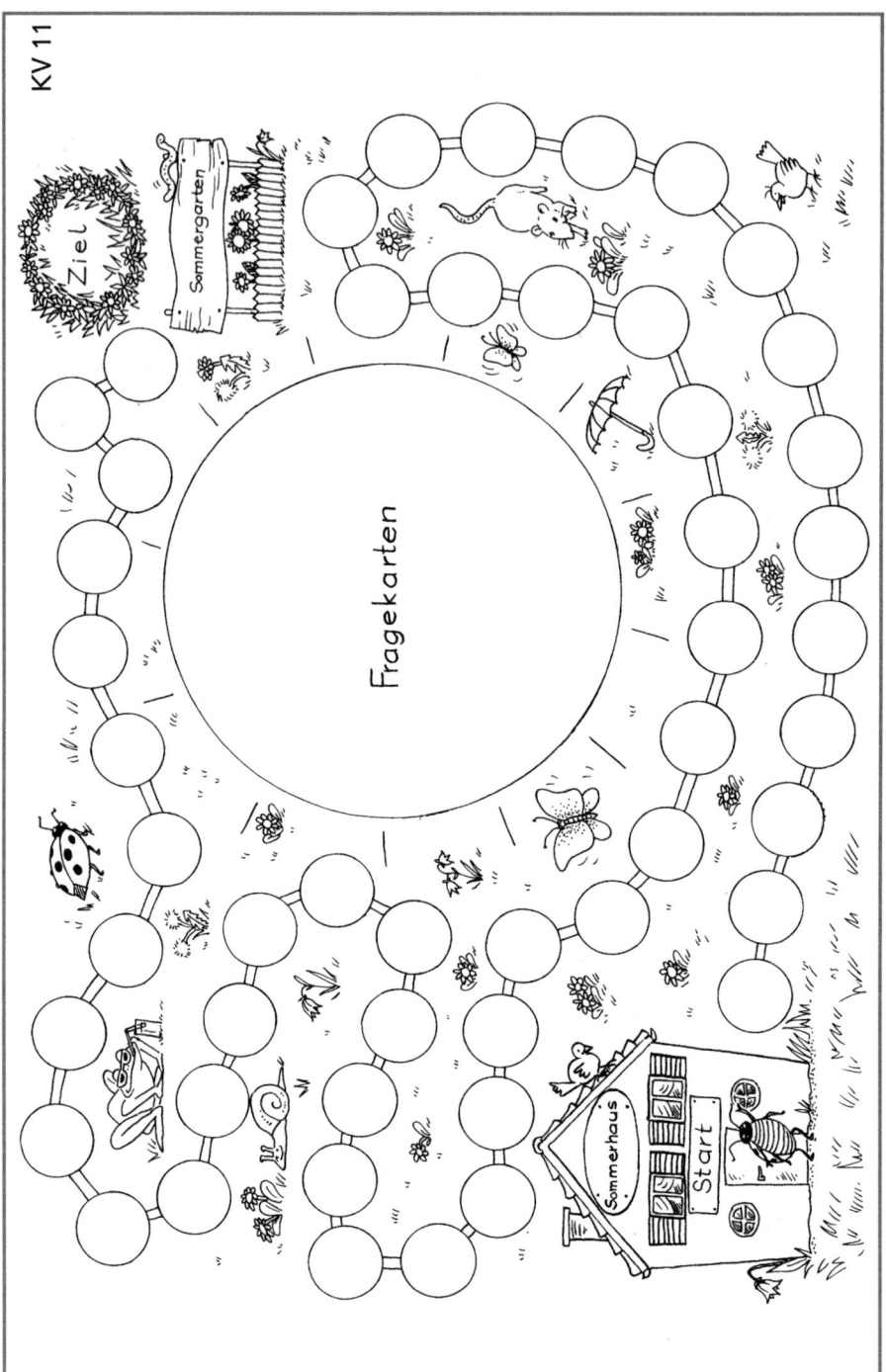

2. Sommerwetter

WIR RICHTEN EINE WETTERSTATION EIN

Um regelmäßige Wetterbeobachtungen durchführen zu können, brauchen die Kinder verschiedene Messgeräte. Im Rahmen einer kleinen Wetterausstellung können entsprechende Geräte vorgestellt werden. Sicher bereitet es Kindern aber auch Freude, selber einfache Geräte herzustellen. Folgende Handlungskarten geben den Kindern Anregungen und Bauanleitungen.

Themen:
- Wir bauen einen Wetterhahn
- Wir bauen ein Windrad
- Mit dem Windsack den Wind beobachten
- Wir bestimmen die Regenmenge mit dem Regenmesser
- Unsere Zapfenwetterstation
- Wir bauen ein Flaschenthermometer

Materialkiste für die Bauanleitungen:
- Pappe, Tonkarton oder Moosgummi
- Strohhalme
- große und kleine Holzperlen
- Draht
- Holzklotz
- Holzstäbe (ca. 8 mm dick)
- altes abgeschnittenes Hosenbein
- Marmeladenglas und Trichter, der auf die Glasöffnung passt oder eine Plastikflasche
- Messbecher
- schwerer Blumentopf, der etwas größer als das Marmeladenglas bzw. die Plastikflasche ist
- einige Fichtenzapfen
- Holzbrett
- Flasche mit dichtem Verschluss
- durchsichtiger dünner Trinkhalm
- Tinte, Knetmasse
- Klebstoff, Nägel, Holzstück als Unterlage beim Hämmern
- Klebeband
- feste Schnur
- Filzstifte, wasserfester Folienstift
- Schere, Zange, Hammer, eventuell Nadel und Faden
- Kompass

Wir bauen einen Wetterhahn

Das braucht ihr dazu:
- Pappe oder Moosgummi
- Malstifte, wasserfester Folienstift
- Schere
- Zange
- Hammer
- Klebeband
- Strohhalm
- Holzklotz
- Holzperle
- Draht
- Kompass

So wird es gemacht:
- Zeichnet einen Hahn auf die Pappe auf. Schneidet ihn aus und bemalt ihn. Wenn ihr anstelle der Pappe Moosgummi verwendet, hält der Wetterhahn später dem Regen länger stand. Ihr könnt den Hahn zusätzlich mit bunten Moosgummiresten verzieren.
- Befestigt den Strohhalm mit dem Klebeband am Körper des Hahnes.
- Drückt das eine Ende des Drahtes mit Hilfe des Hammers in den Holzklotz.
- Biegt mit der Zange den Draht so wie es auf der Zeichnung zu sehen ist.
- Steckt die Holzperle auf den Draht.
- Steckt anschließend den Strohhalm mit dem Hahn auf den Draht.
- Schreibt mit dem wasserfesten Folienstift die Himmelsrichtungen auf den Holzklotz.
- Richtet draußen mit dem Kompass den Wetterhahn nach den vier Himmelsrichtungen aus. Grabt den unteren Teil des Holzklotzes in der Erde ein, damit der Wetterhahn einen festen Stand hat.

Wir bauen ein Windrad

Das braucht ihr dazu:
- Tonkarton oder Moosgummi
- eine kleine und eine große Holzperle
- Draht
- ca. 8 mm dickes Rundholz
- Schere
- eventuell Filzstifte

So wird es gemacht:
- Zeichnet ein Quadrat auf den Tonkarton auf. Schneidet das Quadrat aus. Wenn ihr Moosgummi anstelle des Tonkartons verwendet, hält euer Windrad auch dem Regen stand.
- Verziert das Quadrat mit Filzstiften.
- Schneidet das Quadrat an den gestrichelten Linien (siehe Zeichnung) ein.
- Stecht in die Mitte des Quadrates und in die Flügelspitzen Löcher.
- Biegt ein Ende des Drahtes um und fädelt die kleine Holzperle auf.
- Fädelt anschließend das Quadrat mit dem Loch in der Mitte auf.
- Führt dann das andere Ende des Drahtes nacheinander durch die Löcher der Flügelspitzen.
- Steckt nun die große Holzperle auf und führt das Drahtende durch das Loch in der Mitte.
- Wickelt den Draht mehrmals um das eine Ende des Holzstabes, aber nicht zu fest, damit sich das Windrad drehen kann.
- Steckt das Windrad draußen in die Erde. Sobald der Wind geht, macht ihn euer Windrad sichtbar.

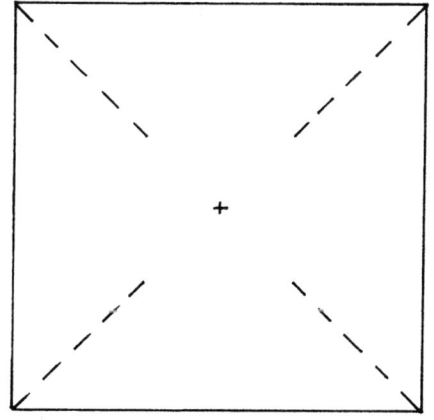

Mit dem Windsack den Wind beobachten

Das braucht ihr dazu:
- altes Hosenbein
- Draht
- Schnur
- Holzstock
- eventuell Nadel und Faden

So wird es gemacht:
- Steckt den Draht entlang der größeren Öffnung des Hosenbeines. Führt dabei den Draht auf und ab wie beim Nähen.
- Die kleinere Öffnung des Hosenbeines könnt ihr mit Nadel und Faden zunähen. Ihr könnt sie aber genauso gut offen lassen.
- Schneidet fünf Schnurstücke mit einer Länge von je 20 cm ab.
- Knotet jeweils ein Ende der Schnüre am Draht fest. Die Abstände der Knoten sollen ungefähr gleich sein.
- Nehmt jetzt die anderen Enden der Schnüre zusammen und macht einen großen Knoten.
- Bindet diesen Knoten mit einer Schnur am Holzstock fest.
- Befestigt den Stock mit dem Windsack im Freien. Ihr könnt jetzt beobachten, wie stark der Wind weht und aus welcher Richtung er kommt.

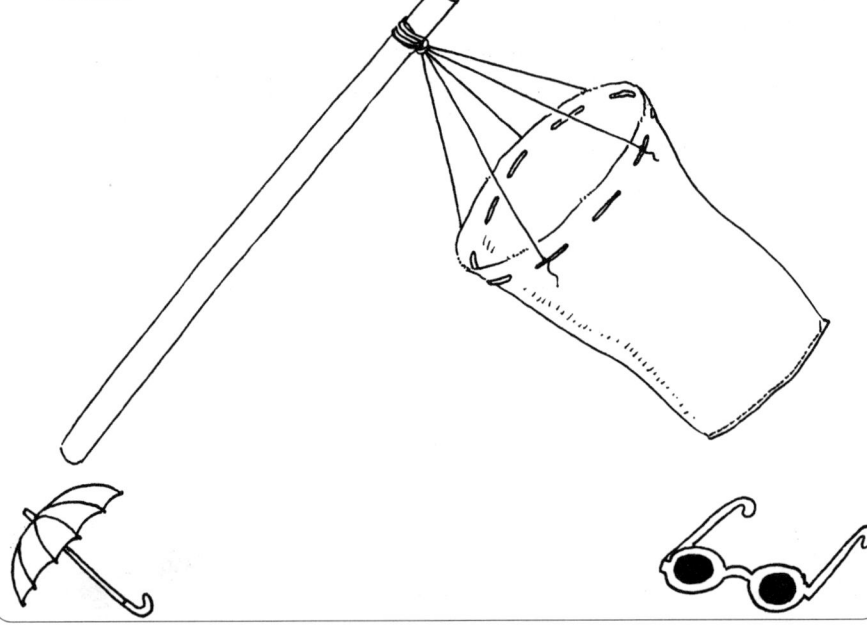

Wir bestimmen die Regenmenge mit dem Regenmesser

Das braucht ihr dazu:
- ein Marmeladenglas und einen Trichter, der auf die Glasöffnung passt, oder eine Plastikflasche
- Messbecher
- wasserfester Folienstift
- Klebeband
- schwerer Blumentopf, der etwas größer als das Marmeladenglas bzw. die Plastikflasche ist
- Schere

So wird es gemacht:
- Füllt den Messbecher bis zur 50-ml-Marke mit Wasser. Gießt das Wasser ins Marmeladenglas. Markiert mit dem wasserfesten Folienstift den Wasserpegel. Wiederholt das einige Male. So erhaltet ihr mehrere Maßlinien. Am Schluss schüttet ihr das Wasser wieder aus.
- Setzt den Trichter auf die Glasöffnung und klebt ihn mit dem Klebeband fest. Sollte er nicht genau passen, schneidet ihr den oberen Rand etwas zurecht.
- Falls ihr anstelle des Marmeladenglases eine Plastikflasche verwendet, geht ihr so vor: Schneidet den oberen Teil der Flasche da ab, wo die Flaschenwände gerade werden. Bringt die Maßlinien wie beschrieben an der Flasche an. Legt dann den abgeschnittenen Teil der Flasche umgekehrt in die Öffnung und klebt ihn fest.
- Stellt euren Regenmesser draußen in den schweren Blumentopf, damit er nicht umfällt.
- Notiert täglich, möglichst zur gleichen Zeit, wie viel Wasser sich im Regenmesser befindet. Vergesst nicht, euren Regenmesser nach jeder Messung zu leeren.

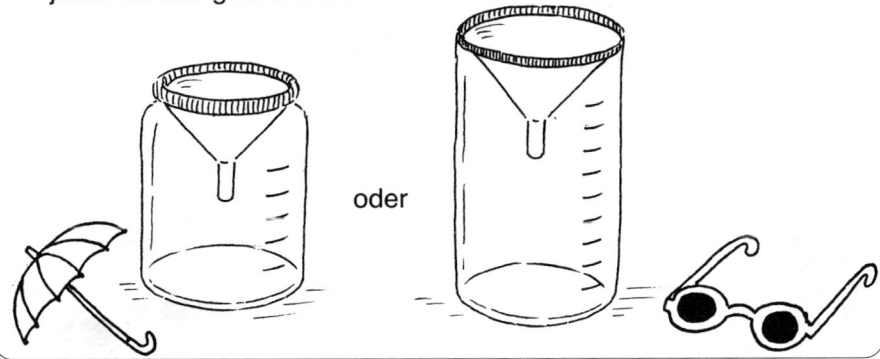

oder

Unsere Zapfenwetterstation

Das braucht ihr dazu:
- mehrere Fichtenzapfen
- Holzbrett
- Klebstoff oder Nägel und Hammer

So wird es gemacht:
- Sammelt im Wald einige Fichtenzapfen.
- Befestigt sie mit Klebstoff oder mit Nägeln auf dem Holzbrett.
- Beobachtet: Wie verändern sich die Zapfen bei Feuchtigkeit und bei Trockenheit? Welche Wetterbeobachtungen könnt ihr mit den Zapfen machen?

- *Tipp 1:*

Ihr könnt auch einen Fichtenzapfen in ein offenes Marmeladenglas stellen. Bringt das Glas mit dem Zapfen ins Freie.

- *Tipp 2:*

Baut aus einem Fichtenzapfen, einem Flaschenkorken und aus vier Zahnstochern einen lustigen Wetterdrachen. Beobachtet ihn bei schönem und bei schlechtem Wetter.

Wir bauen ein Flaschenthermometer

Das braucht ihr dazu:
- Flasche mit dichtem Schraubverschluss
- durchsichtiger, dünner Trinkhalm
- dicker Nagel
- Hammer und Holzstück als Unterlage
- Klebstoff
- Tinte
- eventuell Knetmasse

So wird es gemacht:
- Legt die Verschlusskappe mit der flachen Seite auf das Holzstück. Schlagt mit dem Nagel und dem Hammer ein Loch hinein.
- Schiebt den Trinkhalm durch das Loch. Dichtet den Lochrand auf der oberen und unteren Deckelseite mit Klebstoff ab.
- Gebt einige Tropfen Tinte in die Flasche und füllt die Flasche etwa bis zur Hälfte mit kaltem Wasser.
- Schraubt die Flasche mit dem Deckel fest zu.
- Stellt euer Thermometer draußen an einen warmen Platz und beobachtet.
  Je wärmer es wird, desto höher steigt die Flüssigkeit im Strohhalm.

Warum ist das so?
Wenn es warm ist, erwärmt sich auch die Luft in der Flasche. Warme Luft braucht mehr Platz. Sie dehnt sich aus und drückt auf das Wasser in der Flasche. Das Wasser weicht in den Strohhalm hinein aus und steigt im Halm hoch.

- *Tipp:*
Ihr könnt die Flasche auch luftdicht mit Knetmasse verschließen. Dazu stellt ihr erst den Strohhalm ins gefärbte Wasser und befestigt ihn dann mit Knete am Flaschenhals.

Wettertagebuch

Datum	Temperatur	Himmel	Wind	Regen

WIR BEOBACHTEN DAS WETTER

Unser Wetter-Tagebuch

Um das Wetter über einen längeren Zeitraum beobachten zu können, wird an einer geeigneten Stelle auf dem Schulhof eine kleine Wetterstation eingerichtet. Neben einem Außenthermometer können die Kinder alle selbst gebastelten Messgeräte (vgl. S. 31 – 37) nützen und ihre Beobachtungen in einem Wetter-Tagebuch festhalten. Dieses Tagebuch wird je nach Alter der Kinder und vorhandenen Messgeräten unterschiedlich ausführlich geführt. So ist es möglich, das Wetter nur mit einfachen gezeichneten Symbolen zu beschreiben oder beispielsweise genauere Angaben zu Windstärke, Windrichtung und Regenmenge zu machen.

Mögliche Wettersymbole:

sonnig	wolkig	windig	Regen	Gewitter

Regenmenge im Säulendiagramm

Sobald die Kinder im Mathematikunterricht das Säulendiagramm kennengelernt haben, lässt sich diese Darstellungsweise gut zum Verdeutlichen der Regenmengen über einen längeren Zeitraum anwenden. Dazu addieren die Kinder die täglichen Regenmengen eines Monats und tragen die Summe in Form einer Säule im Diagramm ein. Auf diese Weise kann auf einem Blick der regenreichste Monat während des Sommers ermittelt werden. Will man die Regenbeobachtungen nur über einen kürzeren Zeitraum durchführen, können die Säulen auch pro Woche gezeichnet werden.

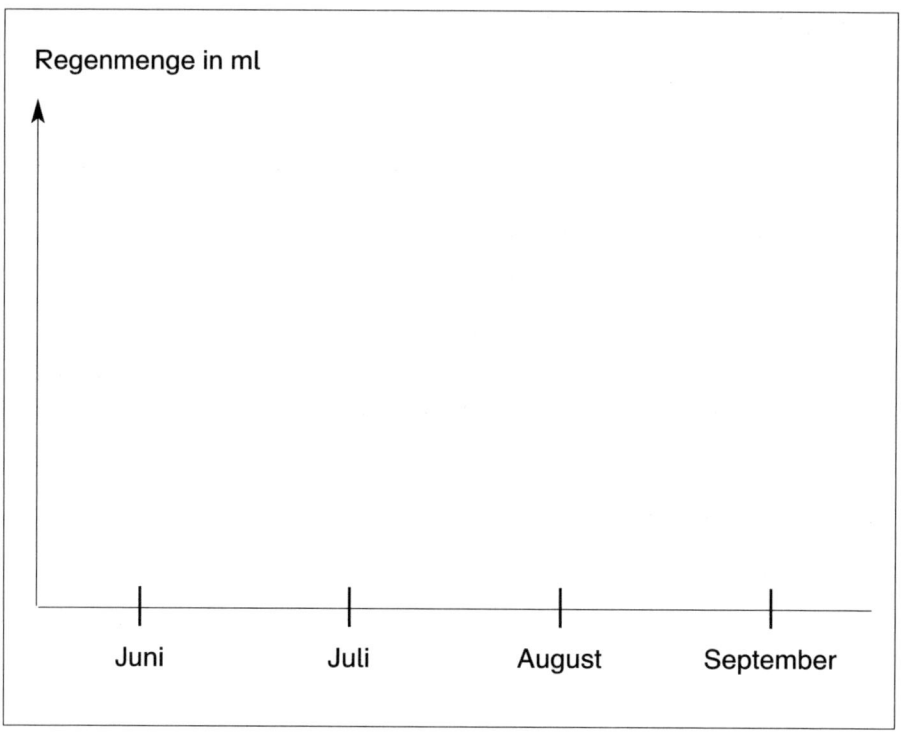

Regenmenge in ml

Juni   Juli   August   September

- *Tipp:*

Während der Ferienzeiten nehmen einige Kinder den Regenmesser mit nach Hause und messen dort über einen vereinbarten Zeitraum hinweg die tägliche Regenmenge.

Der tägliche Wetterbericht

Die Beobachtungsgruppe hält ihre Wetterbeobachtungen nicht nur in einem entsprechenden Tagebuch (vgl. S. 38) fest, sondern teilt sie der ganzen Klasse in Form eines Wetterberichtes mit. Besonders motivierend ist es, wenn ein großer Karton zu einem Fernsehgerät umgestaltet wird und die Kinder als Nachrichtensprecher fungieren. Zusätzlich kann der Wetterbericht durch Orff- oder Körperinstrumente klanglich untermalt werden. Ein Vergleich der eigenen Beobachtungen mit einer Videoaufnahme von der Wettervorhersage des Vortages erfordert eine genaue Auseinandersetzung mit den einzelnen Wetterdaten und ermöglicht eine weitere sprachliche Verarbeitung.

Darstellung auf einer Wetteruhr: Auf dem laminierten Zeiger werden täglich das Datum und die Temperatur mit einem wasserlöslichen Folienstift einge-tragen.

40

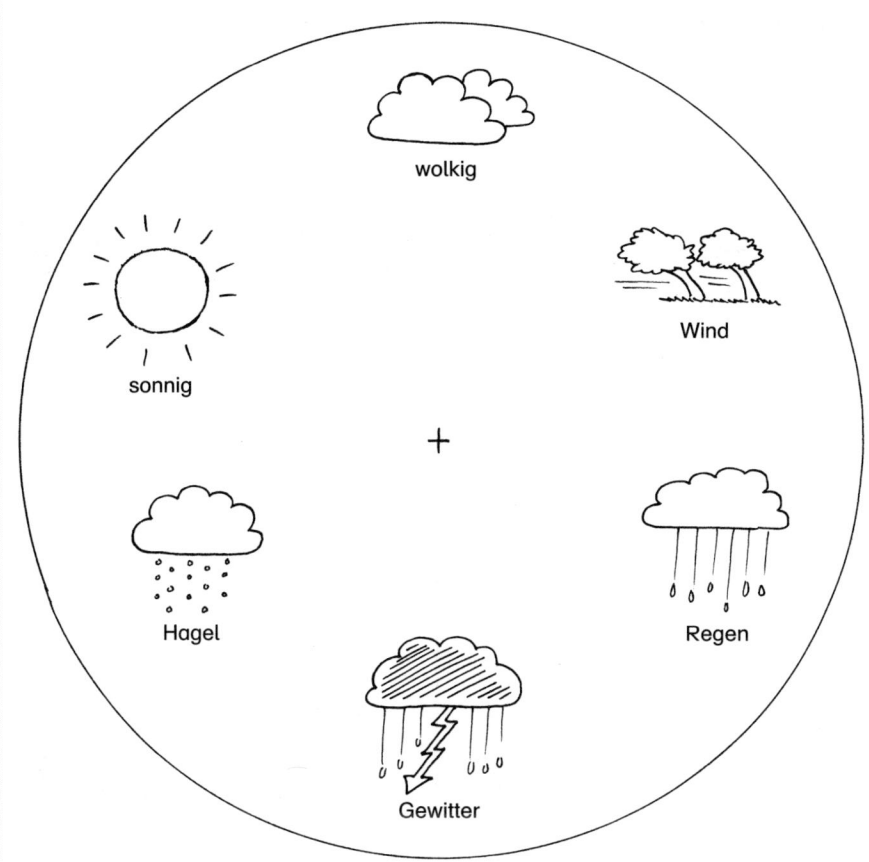

Der Zeiger wird mit einer Prospektklammer in der Mitte der Uhr befestigt.

Wetter am _____
Temperatur _____ Celsius°

Wetterspiele

● **Wettermemory**

Die Bildkarten werden doppelt kopiert und auf Karton geklebt. Die Kinder
spielen mit verdeckten Karten nach den Regeln des Memory-Spieles.

● **Wetter-Pantomime**

Zwei bis drei Kinder wählen jeweils eine Wettersymbolkarte und eine Tätigkeitskarte (vgl. S. 43) aus. Sie stellen der Klasse ohne Worte den Inhalt der
Karten vor. Wer ihn errät, wählt ein bis zwei weitere Kinder aus und stellt die
nächste Pantomime vor. Sind die Kinder etwas geübt, können sie auch zwei
Wettersymbolkarten und eine Tätigkeitskarte für ihre Pantomime verwenden.

Wettersymbolkarten

Tätigkeitskarten

spazieren gehen	einkaufen auf dem Markt	mit dem Ball spielen	tanzen
streiten	ein Picknick machen	die Zeitung lesen	sich verstecken
reiten	sich mit jemandem unterhalten	jemanden verfolgen	etwas suchen

● **Wettermassage**

Die Kinder sitzen hintereinander im Stuhlkreis, sodass sie jeweils den Rücken des vor ihm sitzenden Kindes sehen. Zum aktuellen Wetterbericht massiert jedes Kind behutsam den Rücken des vor ihm sitzenden Kindes. Sind die Kinder etwas geübt, lässt sich die Wetter-Massage auch als Ratespiel durchführen. Dabei zieht ein Kind eine Wettersymbolkarte (s. oben) und stellt das Wetter ohne Worte auf dem Rücken des vor ihm sitzenden Kindes dar. Diese Massage wird im Kreis weitergegeben. Das letzte Kind benennt seinen Eindruck.

Mögliche Massagebewegungen:
Regen: Klopfen mit den Fingerspitzen
Wind : Mit den Handinnenflächen über den Rücken streichen
Sonne: Hände reiben und warme Hände auf den Rücken legen
Die Intensität der Massagebewegungen gibt Aufschluss über die Stärke der Wettererscheinung (z. B. leichte Brise oder Sturm, Nieselregen oder Platzregen usw.)

Wettergedichte

• Wetter-Piktogramme

Wettererscheinungen lassen sich gut als Piktogramme darstellen. Nachdem den Kindern einige Beispiele gezeigt wurden, suchen sie in der Gruppe nach eigenen Möglichkeiten, einen Wetterbegriff mit Buchstaben zu „malen".

Beispiele für Piktogramme:

• Wetter-Elfchen

Nachdem die Kinder mit dem Bauplan eines Elfchens (vgl. S. 15) vertraut sind, können sie zu vorgegebenen Wettererscheinungen des Sommers eigene Elfchen schreiben.

• Gedichte zum Thema „Sommerwetter"

Auf dem Rücken im Gras

Ich liege und schau
auf das Land Blau
mir genau gegenüber.

Ein schneeweißes Pferd
zieht über mir
lautlos vorüber.

Wolkenpferd, Wolkenbär
sehe ich wandern,
Wolkenschaf, Wolkenwal,
eins hinterm andern.

Nun aber naht sogar
ein Wolkenrübezahl.

Josef Guggenmos

(Aus: *Josef Guggenmos,* Die Tiere feiern Karneval. Benziger Edition im Arena Verlag, Würzburg 1994)

Wetter-Elfchen

Sommerregen

_____ _____

_____

Ich _____ _____ _____

_____

Gewitter

_____ _____

_____ _____

Ich _____ _____ _____

_____

Sommerhitze

_____ _____

_____ _____

Ich _____ _____ _____

_____

Anregungen zum Gedicht „Auf dem Rücken im Gras"

- Die Kinder legen sich an einem warmen Sommertag auf dem Rücken ins Gras und beobachten die vorbeiziehenden Wolken. Sie versuchen den Wolken ähnlich wie im Gedicht je nach ihrem Aussehen einen Namen zu geben.
- Die Kinder bilden zusammengesetzte Namenwörter mit dem Wort „Wolken" und malen die neu entstandenen Wörter.

Sommerregen

Ich sah den Regen kommen
von weither über das Land.
Mit eiligen Schritten nahte
die schwärzliche Regenwand.

Die Blätter der Büsche und Bäume
starrten grau von Staub.
Schwer klopften die ersten Tropfen
nieder auf das Laub.

Dann strömte der Regen nieder,
wusch alle Blätter blitzblank
und rauschte zur durstigen Erde,
die gierig den Segen trank.

Der Regen ist weitergezogen.
Auf seinen Rücken schreibt
die Sonne einen Regenbogen
in glühender Herrlichkeit.

Josef Guggenmos

(Aus: *Josef Guggenmos,* Die Tiere feiern Karneval. Benziger Edition im Arena Verlag, Würzburg 1994)

Anregungen zum Gedicht „Sommerregen"

- Die Kinder malen zu jeder Strophe ein passendes Bild. Die Wettererscheinungen in der zweiten bis vierten Strophe werden klanglich mit Körper- oder Orff-Instrumenten untermalt. Die Kinder werden in drei Gruppen eingeteilt. Während eine Gruppe das Gedicht vorträgt, zeigt eine andere Gruppe das passende Bild (eventuell in einem zum „Fernseher" umgestalteten Karton). Die dritte Gruppe übernimmt die klangliche Untermalung.
- Das Gedicht kann auch als Tanz mit bunten Tüchern kreativ verarbeitet werden.

Einige Kinder stellen mit grünen und grauen Tüchern die Bäume und Büsche dar, die auf den Regen warten. Kinder mit dunkelblauen und schwarzen Tüchern verkörpern die Regenwand, die sich mit „eiligen Schritten" den Pflanzen nähert. Die „Regenkinder" tanzen zwischen den Bäumen und Büschen hin und her, hängen ihnen blaue Tücher um oder legen Tücher auf den Boden. Schließlich ziehen die „Regenkinder" weiter. Ein Kind mit gelben Tüchern erscheint als Sonne zusammen mit den „Regenbogenkindern", die ihre Tücher in den entsprechenden Farben bewegen.

Während eine Gruppe das Gedicht tanzt, trägt eine andere Gruppe das Gedicht vor. Eine weitere Gruppe untermalt den Tanz mit Orff-Instrumenten.

Gewitter

Der Himmel ist blau
Der Himmel wird grau
Wind fegt herbei
Vogelgeschrei
Wolken fast schwarz
Lauf, weiße Katz!
Blitz durch die Stille
Donnergebrülle
Zwei Tropfen im Staub
Dann Prasseln auf Laub
Regenwand
Verschwommenes Land
Blitze tollen
Donner rollen
Es plitschert und platscht
Es trommelt und klatscht
Es rauscht und klopft
Es braust und tropft
Eine Stunde lang
Herrlich bang
Dann Donner schon fern
Kaum noch zu hör'n
Regen ganz fein
Luft frisch und rein
Himmel noch grau
Himmel bald blau!   *Erwin Moser*

(Aus: Hans-Joachim Gelberg (Hrsg.), Überall und neben dir. 1986 Beltz Verlag, Weinheim und Basel. Programm Beltz & Gelberg, Weinheim.)

Anregungen zum Gedicht „Gewitter"

- Die Kinder stellen ein „Wetter-Kino" her, indem sie das Gedicht in einzelne Abschnitte einteilen und bildlich darstellen. Die Bilder werden anschließend aneinandergeklebt. Die untere Seite eines Kartons wird in Bildgröße ausgeschnitten. Die Seitenflächen werden mit entsprechend großen Schlitzen versehen. Die Bildrolle wird eingefädelt und zum Vortrag des Gedichts durch den Karton geschoben. Anschließend wird die Bilderfolge nochmals durch den Karton gezogen. Dieses Mal erzählen die Kinder zu den gezeigten Bildern mit eigenen Worten (beispielsweise in der Ich-Form: Neulich war ich unterwegs zum Spielplatz. Zuerst war der Himmel noch blau ...).
- Das Gedicht eignet sich auch an vielen Stellen zum klanglichen Untermalen, wobei sowohl Körper- als auch Orff-Instrumente zum Einsatz kommen können. Wurde das Gedicht vorher bildnerisch dargestellt, kann die Bilderfolge ausgelegt werden. Einzelne Kinder stellen ein Bild klanglich dar. Wer das Bild errät, stellt das nächste Klangrätsel. Gewittermusik kann auch auf Anweisung gespielt werden. Hierzu zeigt ein Kind als Dirigent auf eines der Bilder, zu dem die anderen Kinder eine musikalisch passende Untermalung finden. Alternativ dazu werden Gedichtzeilen, die sich zum Verklanglichen eignen (Wind fegt herbei, Vogelgeschrei, Donnergebrülle usw.) vom „Dirigenten" gezogen und vorgelesen. Die anderen Kinder stellen den Text klanglich dar.
- Das Gedicht wird zeilenweise zerschnitten. Die Kinder setzen ein eigenes Gewittergedicht zusammen. Dabei müssen nicht alle Zeilen verwendet werden.

Anregungen zum Gedicht „Sommerhitze"

- Die Kinder zeichnen einen Comic-Strip zum Gedicht und versehen ihre Bilder mit Sprechblasen.
- Die Kinder gestalten das Gedicht als Dialog.
- Die Lehrerin gibt nur Teile der Strophen vor (vgl. KV 16, S. 50). Die Kinder ergänzen die Verszeilen. Auf diese Weise entstehen viele neue Gedichte zum Thema „Sommerhitze".

Sommerhitze

Kinder, ist das eine Hitze!
Kinder, ist das heute heiß!
Nur zwei Sachen gibt's,
die nützen:
Badengehen oder Eis.

Darum nur nicht lang gefackelt,
schnell die Badehose her!
Ist auch unser kleines Schwimmbad
leider nicht das große Meer.

Morgen gehen wir wieder
baden –
und der Winter ist so weit!
Sonnenschein und
Wasserplantschen!
Herrlich ist die Ferienzeit!

Christel Süßmann

(Aus: Christel Süßmann, Geschichten für das ganze Jahr. Arena Verlag. Würzburg 1996)

Sommerhitze

Kinder, ist das eine Hitze!

Kinder, ist das heute heiß!

Nur zwei Sachen gibt's,

die nützen:

_____ oder _____

Darum nur nicht lang gefackelt,

schnell _____

_____

_____

_____

Morgen _____

_____

_____

_____

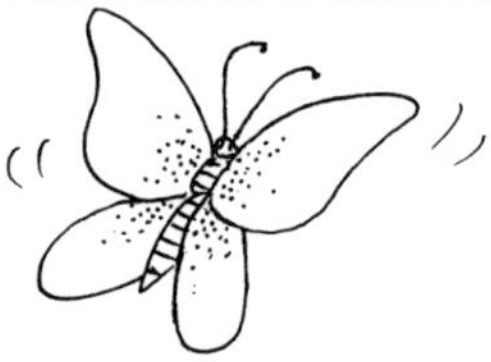

Fantasiereise zum Thema „Wetter"

Die mit ❊ gekennzeichneten Textteile der Fantasiereise auf Seite 18/19 können als Einstieg und Abschluss verwendet werden. Sitzen die Kinder während der Fantasiereise hintereinander im Stuhlkreis, kann die meditative Phase mit einer Wettermassage (vgl. S. 43) abgeschlossen werden. Wichtig ist, dass die Kinder am Ende der Fantasiereise Gelegenheit zur Aussprache haben (Stühle dazu wieder in Richtung Kreismitte drehen!).

Text zur Fantasiereise:

Du schwebst mit deinem Ballon immer höher. Der Wind streicht behutsam über dein Gesicht. Du fühlst die warme Sonne auf deinem Körper. Die Wolken sind jetzt zum Greifen nah. Du fühlst dich ganz leicht und tauchst in das Wolkenmeer ein. Du segelst ganz langsam mit deinem Ballon an den Wolken vorbei. Jede Wolke hat eine andere Form. Du hast viel Zeit, dir jede Wolke genau anzusehen. Als ein besonders schönes Wolkenschiff vorbeisegelt, beschließt du, aus dem Korb deines Ballons auszusteigen. Du trittst auf die weiche Wolke und sinkst ein wenig ein. In deinem Wolkenschiff ist es weich und warm. Du machst es dir bequem. Du schwebst in deinem Wolkenschiff immer höher. Schließlich bist du über den Wolken. Du steigst aus und gehst auf den Wolken spazieren. Du fühlst dich angenehm leicht wie eine Feder. Du legst dich auf das Wolkenbett und lässt dich tief einsinken. Alles fühlt sich weich und warm an. Auf einmal landest du auf einem Regenbogen. Du betrachtest seine leuchtenden Farben: Rot – Orange – Gelb – Grün – Blau – Lila. Am Ende des Regenbogens wartet dein Ballon. Du suchst dir den Bogen mit deiner Lieblingsfarbe aus. Dann setzt du dich auf diesen Bogen und rutscht bis zum Korb deines Ballons. Genieße diese Reise.

Bauernregeln im Sommer

Die Kinder vergleichen den Inhalt der Bauernregeln (KV 17, S. 52) mit ihren eigenen Wetter- und Naturbeobachtungen.
In KV 18 (S. 53) setzen sie die Verszeilen der Bauernregeln wieder richtig zusammen. Zum Weiterdichten regt KV 19 (S. 54) an.
Wenngleich die Bauernregel zum Siebenschläfertag nichts mit den gleichnamigen Tieren zu tun hat, so bietet doch das Siebenschläferlied (KV 20, S. 55) viele kreative Anregungen zum Malen, Spielen und Schreiben.

● *Tipp:*
Die Kinder vergleichen ihre Wetterbeobachtungen mit Ausschnitten aus dem Hundertjährigen Kalender.

51

Bauernregeln

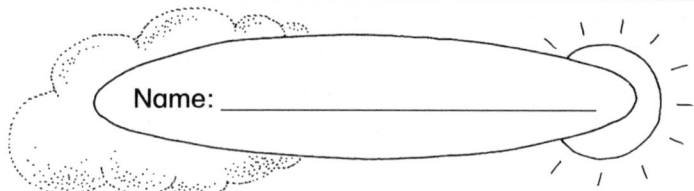

Name: _____

 Wenn die Siebenschläfer Regen kochen,
regnet es noch sieben Wochen.

Unsere Beobachtung: _____

_____

 Wettert der Juli mit argem Zorn,
bringt er dafür auch viel Korn.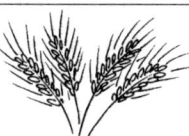

Unsere Beobachtung: _____

_____

 Wenn im August schon die Schwalben ziehn,
sie vor dem nahen Herbste fliehn.

Unsere Beobachtung: _____

_____

Bauernregeln

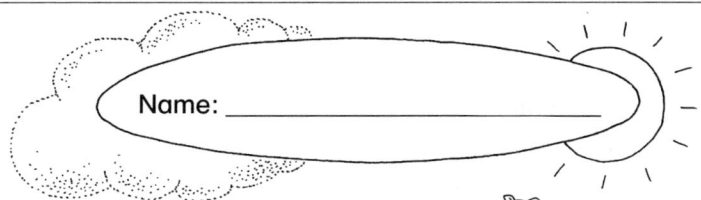

Name: _____

1. Male die Teile, die zusammengehören,
   in der gleichen Farbe an.

Wenn im August	regnet es
mit argem Zorn	dem nahen Herbste fliehn.
Wenn die Siebenschläfer	bringt er dafür
schon die Schwalben ziehn,	Wettert der Juli
Regen kochen,	sie vor
auch viel Korn.	noch sieben Wochen.

2. Schreibe die Bauernregeln auf und male dazu.

_____
_____
_____
_____
_____
_____
_____
_____
_____

3. Erfinde zu einem Sommermonat eine eigene Bauernregel.

   Wenn im _____

   dann _____

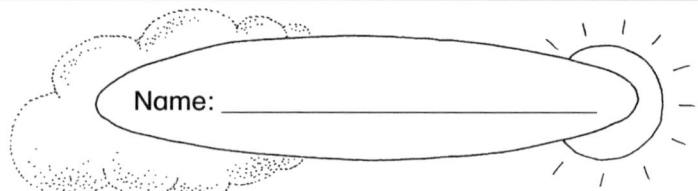

Name: _____

Juni feucht und warm,

_____

Wenn die Siebenschläfer Regen kochen,

_____

Was im Juni nicht wächst,

_____

Wettert der Juli mit argem Zorn,

_____

Juli kühl und nass,

_____

Wenn im August schon die Schwalben ziehn,

_____

Sieben kleine Siebenschläfer

Text und Melodie: Dorothée Kreusch-Jacob

1. Sie - ben klei - ne Sie - ben - schlä - fer pa - cken Sie - ben -
sa - chen. Fe - dern, Wol - le, Blät - ter, Grä - ser,
woll'n ein Nest sich ma - chen. woll'n ein Nest sich
ma - chen.

Sieben kleine Siebenschläfer
huschen durch die Bäume
sammeln Töne, Sonnenstrahlen,
Bilder für die Träume.

Sieben kleine Siebenschläfer
schlafen tief und fest
eingerollt zum Siebenschlaf
Fell an Fell im Nest.

(Aus: Dorothée Kreusch-Jacob, Lieder aus der Stille. © Patmos Verlag GmbH & Co.KG, Düsseldorf.)

Anregungen zum Lied „Sieben kleine Siebenschläfer"

* Buch oder Leporello zum Lied:
  Zu jedem Bild schreiben die Kinder einige Sätze oder versehen die Bilder mit Sprechblasen.

* Spiel zum Lied:
  In die Mitte wird eine weiche, braune Decke gelegt. Außer Wolle und Federn werden die Dinge, die die Siebenschläfer ins Nest bringen, auf Karton gemalt und ausgeschnitten.
  Die Sonnenstrahlen können auch mit gelben Tüchern gelegt werden.
  Die Kinder werden in zwei Gruppen eingeteilt. Eine Gruppe steht mit Handfassung um die braune Decke herum und singt das Lied. Die Kinder der anderen Gruppe holen sich die besungenen Gegenstände und bauen daraus ihr Nest auf der braunen Decke.

* Kreatives Gestalten zu den Träumen der Siebenschläfer:
  – Nach dem Singen des Liedes setzen sich die Kinder um die braune Decke herum. Am Rande der Decke liegt diverses Legematerial (Federn, bunte Muggelsteine, farbige Holzplättchen, leere Schneckenhäuser, kleine Perlen usw.) bereit. Zu leiser meditativer Musik legen die Kinder mit diesem Material Muster auf der Decke, ohne miteinander zu sprechen. Anschließend erhalten sie Gelegenheit, sich zu äußern.

  – Die Kinder werden nach dem Singen des Liedes eingeladen, zu leiser meditativer Musik wie die Siebenschläfer vom Sommer zu träumen. Danach erzählen, malen und schreiben sie zu ihren Träumen (vgl. KV 21, S. 57). Auf diese Weise kann ein Klassen-Traumbuch für den Sommer entstehen.

Mein Traum vom Sommer

Name: _____

Mein Traum vom Sommer

SONNENSCHUTZ IST WICHTIG

Ausgehend vom Lied „Sommerkinder" (KV 22, S. 59), das die angenehmen Erfahrungen mit dem warmen Sommerwetter widerspiegelt, werden die Vorerfahrungen der Kinder zum Thema Sonnenschutz aufgegriffen.

Der Text „Hilfe, meine Haut brennt!" (KV 23, S. 60) führt zu einer vertieften Auseinandersetzung mit der Notwendigkeit des Sonnenschutzes hin.

Mit den positiven und negativen Seiten der Sonnenstrahlen sowie mit verschiedenen Möglichkeiten des Sonnenschutzes setzen sich die Kinder in KV 24 und 25 (S. 61 – 63) auseinander. Vertieft wird das Wissen um den notwendigen Sonnenschutz in einem Würfelspiel (KV 26, S. 64 f.).

Das Basteln einer Schirmkappe (KV 27, S. 67) und eines Fächers (S. 68) sowie die Anleitung zu einem Experiment (S. 69), das verdeutlicht, warum helle Kleidung bei Sonnenschein sinnvoller ist als dunkle Kleidung, bilden den handlungsorientierten Abschluss dieser Thematik.

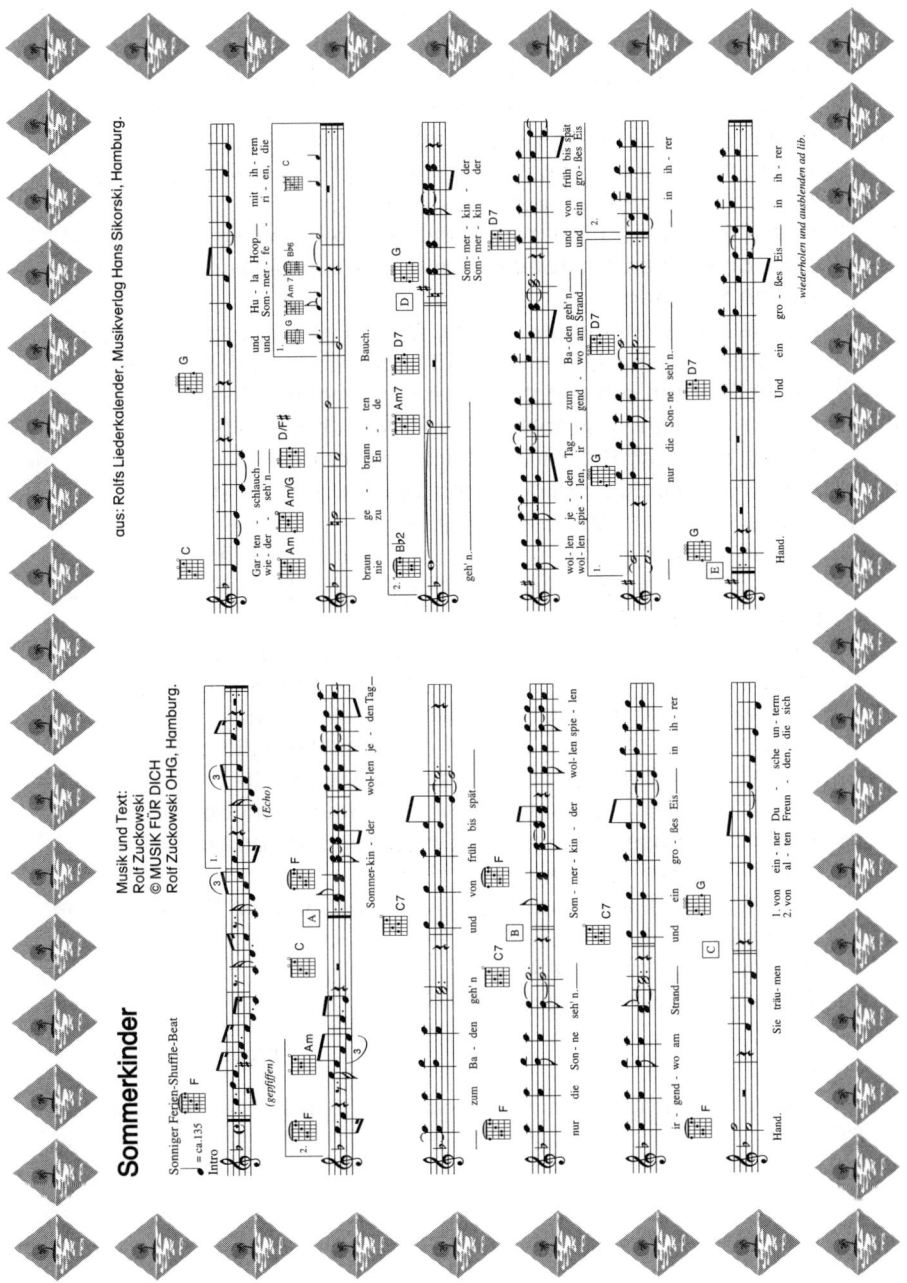

Sommerkinder

Musik und Text:
Rolf Zuckowski
© MUSIK FÜR DICH
Rolf Zuckowski OHG, Hamburg.

aus: Rolfs Liederkalender. Musikverlag Hans Sikorski, Hamburg.

Hilfe, meine Haut brennt!

Am Strand ist viel los. Ruck, zuck hat Findus seine Badehose
angezogen. Dann schwimmt er ein paar Runden. Danach legt
er sich auf die Brücke. Da scheint die Sonne so schön.
Faktus ist es dort zu heiß. Nach dem Schwimmen trocknet er
5 sich ab und schmiert sich mit Sonnenkrem ein. Ganz sorgfältig
macht er das. Er denkt sogar an die Ohren und Findus muss
ihm den Rücken einkremen. Dann setzt sich Faktus in den
kühlen Schatten.
Findus liegt weiter in der Sonne. Davon wird er so müde, dass
10 er schließlich einschläft. Er wacht erst wieder auf, als eine
Welle über ihn schwappt und ihn nass macht. Findus schaut
sich um. Es sind nur noch wenige Menschen am Strand.
Findus ruft nach Faktus und da kommt er auch schon.
Als Faktus Findus erblickt, bleibt er erschrocken stehen.
15 „Wie siehst du denn aus?", fragt er.
„Wieso?", fragt Findus und schaut an sich herunter. Und da
sieht er es auch. Er ist überall knallrot. Erst jetzt merkt er, dass
ihm alles weh tut.
„Hilfe!", schreit er. „Ich brenne! Meine Haut brennt!"
20 Faktus starrt ihn an. Findus sieht wirklich schrecklich aus.
„Deine Sommersprossen sind weg", sagt Faktus.
„Was?", schreit Findus, „Das ist doch nicht möglich."
„Doch", antwortet Faktus. „Sie sind alle weg. Alle."
„Was?", schreit Findus noch einmal. „Meine schönen
25 Sommersprossen. Alle weg?" Dabei hüpft er von einem Bein
auf das andere, weil seine Haut brennt.
„Deine Haut ist verbrannt", sagt Faktus. „Und die Sommerspros-
sen auch."
„Aber wer war das?", schreit Findus.
30 „Das war die Sonne", antwortet Faktus.

Cordula Tollmien

(Aus: Findus und Faktus. Die Sache mit dem Sonnenbrand. © Loewe Verlag. Bind-
lach 1996)

Name: _____

Sonnenlicht ist wichtig.

Pflanzen brauchen Sonnenlicht
zum Wachsen.
Sonnenlicht macht uns fröhlich.
Sonnenlicht hilft unserem Körper,
gesund zu bleiben.

Warum die Sonne gefährlich sein kann

Die Sonne wärmt uns nicht nur.
Von ihr gehen auch unsichtbare ultraviolette Strahlen,
kurz UV, aus. Diese Strahlen machen zwar schön braun,
würden uns aber gnadenlos grillen, wenn man sie nicht bremst.
Diese Bremse heißt Ozonschicht. Das ist eine Gasschicht, etwa
30 Kilometer über uns am Himmel. Die Ozonschicht ist in den letzten Jahren immer dünner geworden. An einigen Stellen gibt es bereits
„Ozonlöcher", wie Satellitenaufnahmen zeigen. Durch diese Löcher ge-
langen mehr UV-Strahlen auf die Erde. Deshalb kannst du leichter einen
Sonnenbrand bekommen. Wer häufig einen starken Sonnenbrand hat,
kann später Hautkrebs bekommen. Die Löcher in der Ozonschicht haben
wir Menschen selber verursacht. Das Treibgas FCKW (Fluorchlorkohlen-
wasserstoff), das beispielsweise in Spraydosen, Lacken, Schaumstoffen
und Farben enthalten sein kann, zerstört das Ozon. Bei uns ist FCKW
bereits seit 1997 verboten. Selbst wenn eines Tages niemand mehr auf
der Welt Treibgas verwenden, würde es viele Jahre dauern, bis uns die
Ozonschicht wieder schützen kann.

1. Male die Teile, die zusammengehören, in der gleichen Farbe an.

Sonnencreme

Schütze deinen Kopf in der Sonne …

Weil die Sonne in der Mittagszeit besonders stark ist, …

Körperteile, die nicht mit Kleidung geschützt sind,…

Weil die Sonnencreme nicht sofort wirkt, …

Je dünner der Stoff deiner Kleidung ist, …

Weil der Sonnenschirm die Hälfte der Strahlen durchlässt, …

Auch wenn du eine wasserfeste Sonnencreme verwendest, …

Schütze deine Augen in der Sonne…

… musst du dich eine halbe Stunde, bevor du in die Sonne gehst, eincremen.

… desto weniger schützt er gegen Sonnenbrand.

… darfst du hier das Eincremen nie vergessen.

… mit einer Sonnenbrille.

… solltest du zwischen 12 Uhr und 15 Uhr im Schatten sein.

… solltest du dich nach dem Baden nochmals eincremen.

… musst du immer gut mit einer Sonnencreme schützen.

… mit einem Sonnenhut.

2. Schreibe die Regeln zum Sonnenschutz nochmals auf. Denke dir zu jeder Regel ein passendes Bildzeichen aus.

1.	
2.	
3.	
4.	
5.	
6.	
7.	
8.	

- *Tipp:*

Die Kinder zeichnen Bildsymbole zu den Sonnenschutzregeln des Arbeitsblattes (vgl. KV 24, S. 62) jeweils auf eine vergrößerte Kopie von KV 25, dessen Rand wie das Verkehrsschild „Gefahrenstelle" gestaltet wird. Die „Schilder" werden zu einem Poster angeordnet oder an den Strahlen einer großen Papiersonne befestigt.

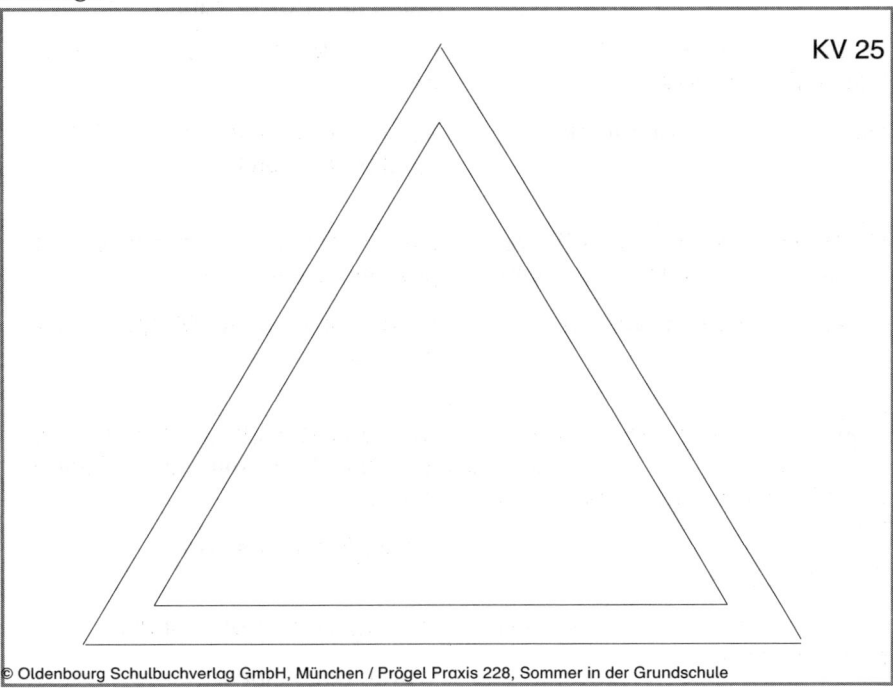

KV 25

Würfelspiel „Sonnenschutz"

Vorbereitung des Spiels:

Von den 40 Feldern des Spielplanes (KV 26, S. 65) werden 14 beliebige Felder (etwa jedes zweite oder dritte Feld) rot angemalt.

Die Ereigniskarten liegen verdeckt auf einem Stapel.

Spielregeln:
- Der jüngste Mitspieler beginnt. Würfelt reihum. Wer eine Sechs würfelt, verlässt den Start.
- Kommst du auf ein rotes Feld, nimmst du die oberste Ereigniskarte vom Stapel und führst die Anweisung aus. Die Karte legst du wieder unter den Stapel.
- Ins Ziel gelangst du nur, wenn du eine passende Zahl würfelst.

Ereigniskarten

Du hast dich nach dem Baden nicht wieder eingecremt. Setze zweimal beim Würfeln aus.	Du sitzt unter dem Sonnenschirm und hast vergessen, dich mit einer Sonnencreme gegen Sonnenbrand zu schützen. Gehe fünf Felder zurück.
Du hast deinen Sonnenhut zu Hause liegen lassen. Gehe sieben Felder zurück.	Du hast deine Sonnenbrille vergessen. Warte, bis dich der nächste Mitspieler überholt hat.
Du cremst dich mit einem Sonnenöl ein und gehst sofort in die Sonne. Setze einmal beim Würfeln aus.	Du spielst in der Mittagshitze an der prallen Sonne. Warte, bis dich alle Mitspieler überholt haben.
Obwohl du nur eine Badehose trägst, schützt du dich nicht mit einer Sonnencreme gegen Sonnenbrand. Gehe zurück zum Start.	Du schützt dich auch unter dem Sonnenschirm mit einer Sonnencreme. Rücke fünf Felder vor.
Du cremst dich nach dem Schwimmen wieder ein. Würfle noch einmal.	Du trägst eine Sonnenbrille. Würfle noch einmal.
Du schützt dich mit einem Sonnenhut vor den Sonnenstrahlen. Gehe fünf Felder vor.	Du legst dich während der Mittagszeit in den Schatten. Würfle noch einmal.
Du wartest nach dem Eincremen noch eine halbe Stunde, bevor du in die Sonne gehst. Würfle noch einmal.	Du cremst alle Körperteile, die nicht mit Kleidung geschützt sind, sorgfältig ein. Überhole alle Mitspieler.

Würfelspiel „Sonnenschutz"

Wir basteln eine Schirmkappe als Sonnenschutz

Das braucht ihr dazu:
* Karton, Hutgummi
* dicke Nadel
* Schere
* Buntstifte, Filzstifte
* Klebstoff
* eventuell Buntpapierreste

So wird es gemacht:
* Zeichnet ein lustiges Tiergesicht auf den Kopf. Vielleicht malt ihr einen Tierkörper auf den Schirm. Malt alles bunt aus. Ihr könnt den Schirm auch mit Buntpapierresten verzieren.
* Klebt den Schirm auf Karton auf und schneidet ihn aus.
* Knickt den Kopf an der Halslinie um, sodass er mit dem Gesicht nach vorne steht.
* Stecht mit der dicken Nadel in jeden markierten Punkt ein Loch.
* Messt ein Stück Hutgummi ab und fädelt es durch die Löcher.
* Verknotet die Enden des Hutgummis auf der Unterseite des Schirmes.

Tierschirm

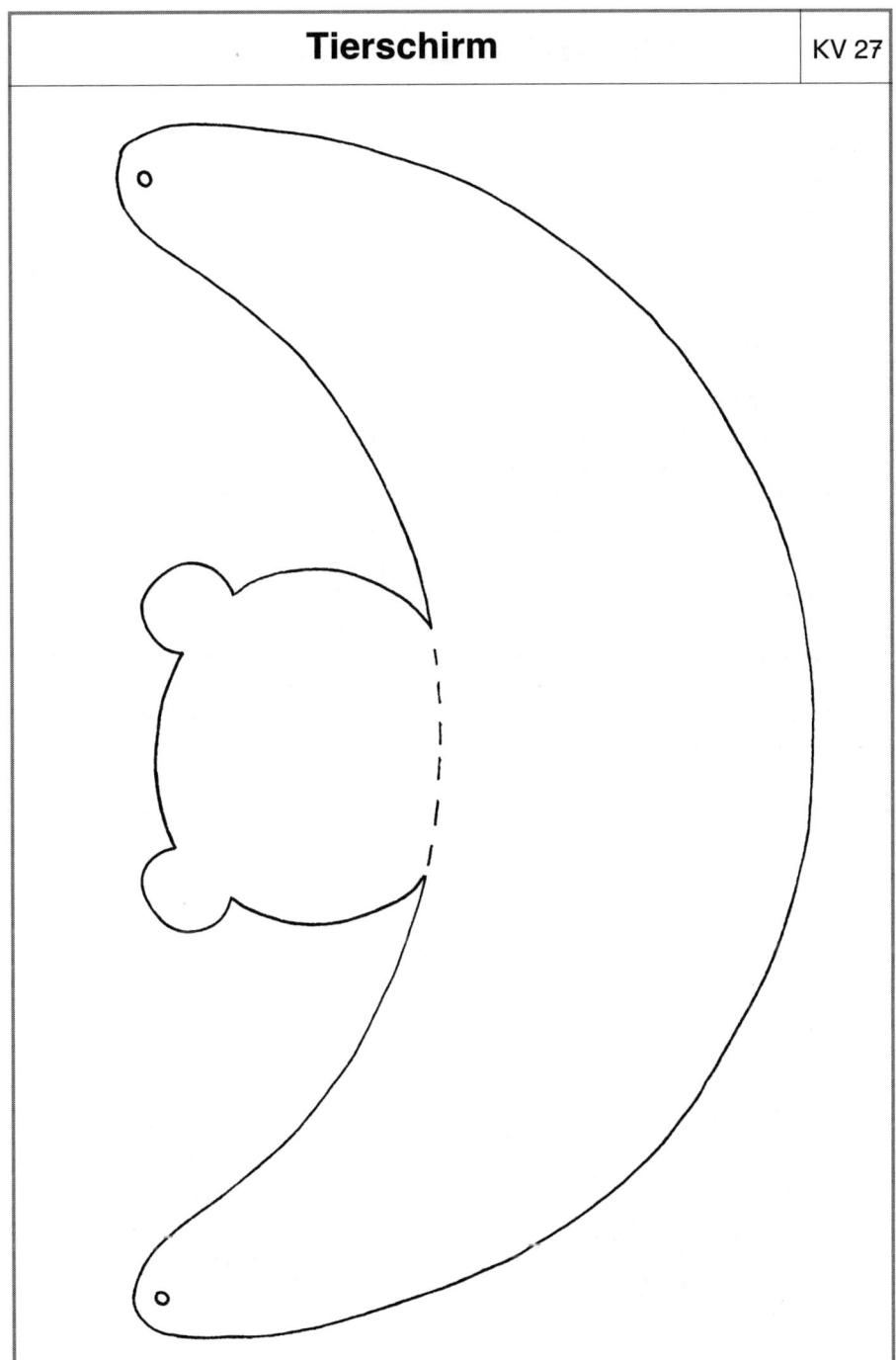

Wir basteln einen Fächer

Das braucht ihr dazu:
- ein Bogen buntes Geschenkpapier (ca. 35 cm x 45 cm)
- großer Teller
- Bleistift
- Schere
- Klebstoff und durchsichtiges Klebeband
- Wollfaden

So wird es gemacht:
- Legt den Teller auf das Geschenkpapier, wie es auf der Zeichnung zu sehen ist. Zeichnet an den beiden Ecken mit Hilfe des Tellers jeweils einen Viertelkreis auf. Schneidet die Rundungen ab.
- Faltet das Papier wie eine Ziehharmonika. Beginnt damit auf der Seite mit den Ecken. Eine „Papierstange" entsteht.
- Faltet die Papierstange in der Mitte so, dass die abgerundeten Seiten außen und die geraden Seiten in der Mitte liegen.
- Klebt die beiden aneinanderstoßenden Falten in der Mitte zusammen.
- An der unteren Knickstelle befindet sich ein Loch. Fädelt hier einen Wollfaden durch. So könnt ihr den Fächer aufhängen.
- Damit ihr den Fächer besser festhalten könnt, umwickelt ihr das Ende des Fächers einige Male mit dem durchsichtigen Klebeband.

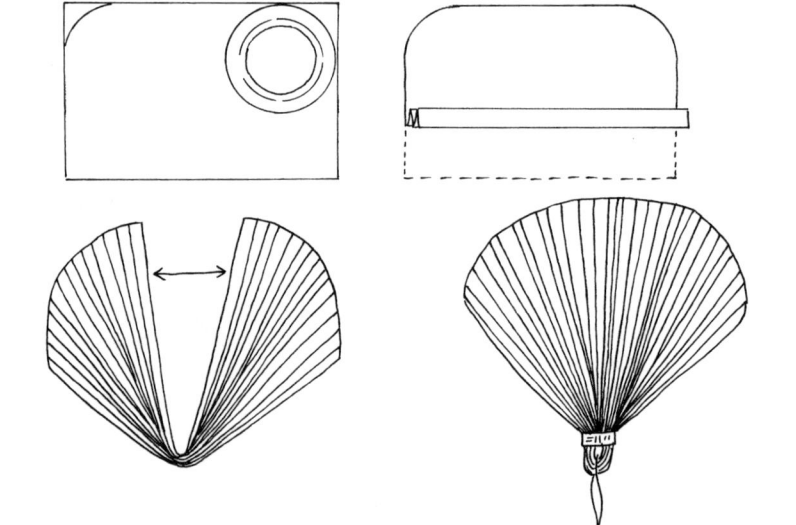

Warum tragen wir im Sommer lieber helle Kleidung?

Ein kleines Experiment soll das deutlich machen.

Das braucht ihr dazu:
* zwei alte Blechdosen
* schwarzes und weißes Papier (oder schwarze und weiße Farbe)
* Wasser
* Badethermometer

So wird es gemacht:
* Umhüllt eine Blechdose eng mit dem weißen Papier, die andere Dose mit dem schwarzen Papier. Ihr könnt aber auch eine Dose weiß und die andere schwarz anmalen.
* Füllt beide Dosen mit Wasser und stellt sie nebeneinander in die pralle Sonne.
* Messt nach einigen Stunden mit dem Badethermometer die Wassertemperatur in beiden Dosen. Das Wasser in der schwarzen Dose ist deutlich wärmer.

Warum ist das so?

Die Sonne sendet auch Wärmestrahlen aus. Dunkle Gegenstände schlucken diese Strahlen und heizen sich auf. Helle Gegenstände werfen die Sonnenstrahlen zurück. Sie bleiben deshalb deutlich kühler.

3. Die Natur im Sommer erleben

VERHALTENSREGELN IN DER NATUR

Mobile

Nach dem gemeinsamen Erarbeiten der Verhaltensregeln schreiben die Kinder auf die Vorderseite der Tier- und Pflanzenfiguren die Regeln und auf die Rückseite die entsprechenden Begründungen. Die Figuren werden in Form eines Mobiles angeordnet und gut sichtbar im Klassenzimmer aufgehängt.

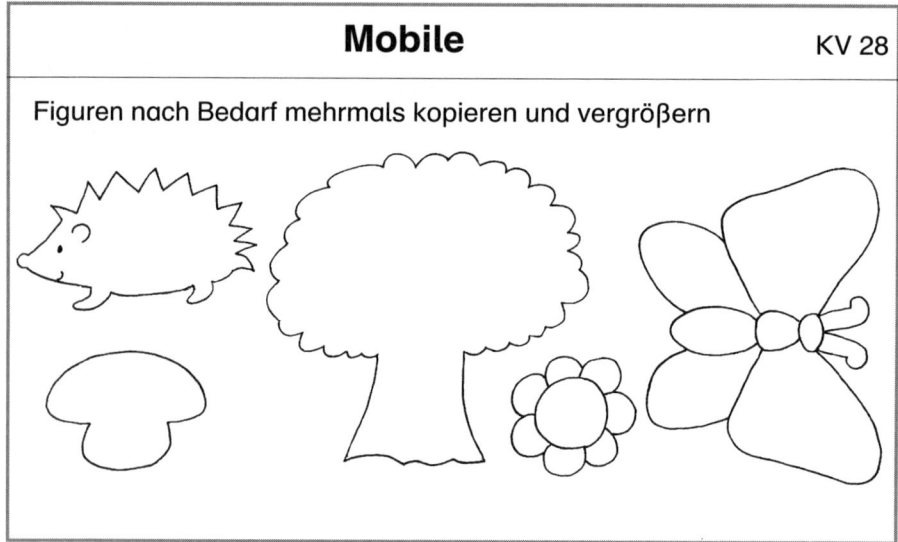

Mobile   KV 28

Figuren nach Bedarf mehrmals kopieren und vergrößern

© Oldenbourg Schulbuchverlag GmbH, München / Prögel Praxis 228, Sommer in der Grundschule

Puzzle „So verhalte ich mich richtig in der Natur"

Zur Selbstkontrolle werden zusammengehörige Teile mit gleichen Farbpunkten auf der Rückseite gekennzeichnet.

Ich verhalte mich im Wald leise, damit ...	die Tiere nicht erschrecken.
Ich laufe vorsichtig über die Wiese, damit ...	ich Pflanzen und kleine Tiere nicht zertrete.

Ich verletze die Rinde der Bäume nicht und reiße keine Äste ab, weil …	ich die Bäume nicht schädigen will.
Ich reiße nicht wahllos Blumen ab, weil …	sich andere Menschen auch an ihnen erfreuen wollen.
Ich pflücke niemals geschützte Pflanzen, weil …	diese Pflanzen nur noch sehr selten vorkommen.
Ich lasse alle Pilze stehen, auch wenn ich meine, dass sie giftig sind, weil …	alle Pilze für den Wald lebensnotwendig sind.
Ich zerstöre niemals einen Ameisenhaufen, weil …	Ameisen den Wald gesund erhalten.
Ich esse niemals Beeren, die ich nicht genau kenne, weil …	sie giftig sein könnten.
Beeren, die ich genau kenne, muss ich vor dem Essen erst gründlich waschen, weil …	die Beeren vom Fuchsbandwurm befallen sein könnten und ich so krank werden könnte.
Ich nähere mich vorsichtig Hecken oder bewachsenen Ufern, weil …	ich sonst brütende Vögel oder andere Tiere erschrecken könnte.
Ich streichle niemals Tierbabys, weil …	die Eltern der Tiere sonst vielleicht ihre Kinder nicht mehr annehmen.
Ich halte mich von Vogelnestern mit Eiern oder Jungvögeln fern, weil …	sich sonst die Vogeleltern nicht mehr zum Nest trauen.
Ich mache kein Feuer in der Natur, weil …	sehr leicht ein schlimmer Brand entstehen kann.
Ich lasse niemals Abfälle in der Natur liegen, weil …	die Natur kein Müllplatz ist.

Würfelspiel „Bist du ein Naturfreund?"

Von den 50 Feldern des Spielplanes werden 14 Felder (siehe Nummern in der Anleitung zum Spielplan) rot angemalt.

Die Anleitung zu den Ereignisfeldern des Spielplanes enthält zu den farbigen Feldern jeweils eine kurze Situationsschilderung und eine Frage. Die Lösungen werden abgedeckt oder umgeknickt. Als Spielsteine werden kleine Steinchen oder leere Schneckenhäuser verwendet.

Spielregeln:

- Würfelt reihum. Wer eine Sechs würfelt, verlässt das Haus am Start.
- Kommst du auf ein rotes Ereignisfeld, liest du in der Anleitung des Spielplanes die Frage dazu vor.
- Kannst du die Frage richtig beantworten, darfst du noch einmal würfeln. Ansonsten musst du einmal aussetzen.
- Das Baumhaus am Ziel kannst du nur betreten, wenn du eine passende Zahl würfelst.

Anleitung zu den Ereignisfeldern des Spielplanes

3 Du willst mit deinen Freunden auf der Wiese und im Wald Tiere beobachten. Ihr singt lustige Lieder und unterhaltet euch laut. Warum könnt ihr keine Tiere sehen?	Weil wir nicht leise genug waren, haben wir die Tiere erschreckt.
7 Tim marschiert über die Wiese, ohne auf seine Umgebung zu achten. Was erklärst du ihm?	Tim muss aufpassen, dass er weder Pflanzen noch kleine Tiere zertritt.

10 Sabine ritzt ihren Namen in einen dicken Baumstamm, während Marc Äste abbricht, um sich daraus etwas zu basteln. Was sagst du als Naturfreund zu beiden Kindern?	Bäume sind auch Lebewesen. Durch dieses Verhalten werden die Bäume geschädigt.
14 Lara pflückt auf der Wiese einen riesigen Strauß Blumen. Obwohl keine geschützten Blumen dabei waren, meint ihre Freundin, dass das nicht in Ordnung war. Warum?	Alle Menschen wollen sich an den Wiesenblumen erfreuen. Die gepflückten Blumen überleben nicht lange in der Vase.
17 Tom zertrampelt giftige Pilze im Wald. Was sagst du dazu?	Alle Pilze sind lebensnotwendig für den Wald. Deshalb darfst du keinen Pilz zerstören.
21 Daniel findet eine geschützte Pflanze auf der Wiese. Er will sie pflücken und für sein Natur-Tagebuch pressen. Simon ruft „Stopp!". Warum?	Geschützte Pflanzen sind sehr selten. Sie sind vom Aussterben bedroht. Deshalb darf man sie weder pflücken noch ausgraben.
24 Lars entdeckt im Wald einen Ameisenhaufen. Schon hat er einen Stock in der Hand und ruft: „Mal sehen, was die Ameisen machen, wenn ich den Stock in den Haufen bohre." Warum hinderst du ihn daran?	Ameisen sind sehr nützliche Tiere im Wald. Sie sind die „Waldpolizei". Sie erhalten den Wald gesund. Deshalb darf man ihren Bau nicht zerstören.
28 Romana sieht leuchtend rote Beeren an einem Strauch. Sie denkt: „Sicher schmecken diese Beeren sehr lecker." Obwohl sie die Beeren nicht kennt, will sie gleich ein paar davon probieren. Warum hinderst du sie daran?	Du darfst niemals Beeren essen, die du nicht genau kennst. Sie könnten giftig sein.

31 Murat findet reife Himbeeren. Er will sie sofort essen. Was sagst du dazu?	Die Beeren könnten vom Fuchsbandwurm befallen sein. Deshalb müssen sie erst gründlich gewaschen werden, bevor du sie isst. Sonst kannst du krank werden.
35 Tamara will zuerst Brombeeren in der Hecke pflücken und dann zum Teich gehen. Welche Verhaltensregel sollte sie beachten? Warum?	Sie muss sich vorsichtig in der Hecke und am bewachsenen Teichufer bewegen, damit sie weder brütende Vögel noch andere Tiere aufschreckt.
39 Lia findet am Waldrand Hasenbabys. Sofort möchte sie die niedlichen Tiere streicheln. Warum hinderst du sie daran?	Wenn Tierbabys von Menschen berührt werden, kann es sein, dass die Tiereltern sie nicht mehr annehmen.
41 Ali hat ein Vogelnest mit Jungen entdeckt. Er möchte die Vögel gerne beobachten. Was muss er dabei beachten?	Er sollte das Nest aus sicherer Entfernung, vielleicht mit einem Fernglas, beobachten, damit sich die Vogeleltern zum Füttern ans Nest trauen.
45 Die Kinder haben Streichhölzer dabei. Sie wollen am Waldrand ein kleines Lagerfeuer machen. Warum ist das sehr gefährlich?	Im Sommer ist der Boden sehr trocken. Deshalb kann aus einem kleinen Lagerfeuer rasch ein gefährlicher Waldbrand entstehen, der viele Tiere und Pflanzen vernichtet. Deshalb ist es verboten, ein Lagerfeuer zu machen.
48 Die Kinder machen im Wald eine Pause. Weil kein Abfalleimer in der Nähe ist, wollen sie die leeren Dosen und Tüten im Wald zurücklassen. Was sagst du dazu?	Der Wald ist kein Müllplatz. Ich nehme meinen Abfall wieder mit.

Spielplan „Bist du ein Naturfreund?" KV 29

75

WIR ENTDECKEN DIE SOMMERWIESE

Natur-Tagebuch

Kleine Fundstücke aus der Natur, Zeichnungen, Fotos, Beschreibungen und Beobachtungen lassen sich in einem Natur-Tagebuch sammeln, damit sie auch später immer wieder betrachtet werden können. Lieder, Gedichte, Rätsel, Witze und Geschichten können das Tagebuch ergänzen. Folgende Möglichkeiten bieten sich an:

- Jedes Kind sammelt in einem unlinierten Heft alles, was es in der Natur entdeckt hat. In regelmäßigen Gesprächskreisen stellt es neue Einträge, Zeichnungen usw. in der Klasse vor.
- Im Klassen-Naturbuch (Ringordner) werden alle Einzelbeiträge der Kinder gesammelt.
  Vorher können die Beiträge eine Zeit lang an der Pinnwand im Klassenzimmer ausgestellt werden.
- Im Naturbuch (Wiesen-, Hecken- oder Waldbuch) werden alle Entdeckungen, Erfahrungen und Beobachtungen mit der Natur gesammelt. Gepresste Pflanzen werden mit durchsichtiger selbst klebender Folie geschützt.

Ausrüstung für Naturforscher

Bevor die Klasse zu einem Unterrichtsgang in die Natur aufbricht, müssen die Lehrerin und Kinder für eine entsprechende Grundausrüstung sorgen.

- Klemmbrett zum Notieren und Skizzieren für jedes Kind (leicht herzustellen aus einer dünnen Spanplatte oder einem Stück starker Pappe im Format DIN A4 sowie zwei Wäscheklammern)
- Schreibzeug (Papier, Bleistift, eventuell einige Malstifte) für jedes Kind
- ausreichend Plastiktüten oder kleine Gläser zum Sammeln von Fundstücken
- Fotoapparat
- Kassettenrekorder mit Leerkassette (zum Aufnehmen von Geräuschen und Tierstimmen)
- für jede Arbeitsgruppe (vier bis sechs Kinder) mindestens eine Becherlupe zum Betrachten kleiner Tiere
- Wattestäbchen, um kleinere Tiere wie Insekten u. Ä. zu berühren, ohne sie zu verletzen
- mehrere Scheren und eine Gartenzange zum Abschneiden kleiner Pflanzenproben
- eventuell ein Fernglas
- mehrere kleine Schaufeln zum Entnehmen von Bodenproben
- Naturführer zum Bestimmen ausgewählter Tier- und Pflanzenarten

Gestaltung einer Seite im Naturbuch   KV 30

Name der Pflanze/des Tieres: _____

Gesehen am: _____

Wo? _____

Planzen und Tiere in der Umgebung: _____

_____

Sonstige Beobachtungen: _____

_____

Foto oder Zeichnung:

Tiere im Klassenzimmer

Die kurzzeitige Haltung eines Kleinlebewesens (z. B. Spinne, Schnecke, Assel, Tausendfüßler oder Regenwurm) ist aus pädagogischer Sicht zu befürworten. Diese Tiere erregen bei vielen Kindern und auch Erwachsenen Ekel. Durch das intensive Beobachten, das Pflegen und Füttern entsteht allmählich eine positive emotionale Einstellung des Kindes zum Tier sowie eine veränderte Sichtweise gegenüber diesen üblicherweise als primitiv geltenden Tieren, wenn das Kind z.B. besondere Fähigkeiten eines Tieres wahrnimmt (z. B. Herstellen eines Spinnennetzes).

Bei der kurzzeitigen Haltung eines Tieres ist auf eine möglichst naturnahe Unterbringung sowie eine artgerechte Fütterung zu achten. Genauere Hinweise s. S. 83 – 86.
Nach ihrer kurzfristigen Gefangenschaft werden die Tiere in einer Umgebung ausgesetzt, die ihren natürlichen Lebensbedürfnissen entspricht. Während sich das Tier im Klassenzimmer befindet, muss die Lehrerin ausreichend Zeit zum Beobachten und Erfahrungsaustausch im Unterricht einplanen.
Besonders reizvoll ist ein Tier-Tagebuch (z. B. Tagebuch einer Spinne), das sich durch Fotos, Zeichnungen und weiteres gesammeltes Informationsmaterial ergänzen lässt.

Wo lebt dieses Tier?
Benötigt werden drei Deckel von Schuhkartons, die in den Farben Weiß für den Lebensraum Luft, Grün für den Blattbereich und Braun für den Erdbereich angemalt oder mit entsprechend farbigem Papier beklebt werden. Selbst gemalte Tierbilder oder Bilder aus Kalendern, Prospekten u. Ä. werden den drei Bereichen zugeordnet. Für Tiere, die sich mehreren Lebensbereichen zuordnen lassen, sind mehrere Tierbilder nötig.

Blumen der Sommerwiese
* Wir riechen, befühlen (samtig weich, rau, glatt usw.) und betrachten (Form der Blätter, Blütenblätter, Wurzeln bei nicht geschützten Pflanzen) Blumen der Wiese.
* Wir zeichnen und fotografieren Blumen.
* Wir legen einen Rahmen aus Tonpapier (z. B. 1 m x 1 m) auf die Wiese. Danach notieren wir, welche Blumen dort vorkommen und ermitteln von jeder Art die Anzahl.
* Wir pressen ausgewählte Blumen. Dazu legen wir die Blumen zwischen zwei dicke Lagen Zeitungspapier und beschweren sie mit Büchern. Nach etwa drei bis vier Wochen sind die Blumen gepresst. Mit gepressten Pflanzen muss man besonders vorsichtig umgehen, da sie leicht zerfallen.

- Löwenzahnbuch:
  Wenn der Löwenzahn in voller Blüte steht, wird er über einen längeren Zeitraum beobachtet.
  Anregungen:
  - Zählen der Löwenzahnpflanzen innerhalb eines abgegrenzten Bereiches (z. B. 1 m x 1 m)
  - Insekten von der Blüte auf weißes Papier schütteln und unter der Becherlupe betrachten
  - Löwenzahnsamen auf feuchte Watte in eine durchsichtige Plastikbox legen und das Keimen beobachten
  - einfache Rezepte mit Löwenzahn (Salat, Sirup) ausprobieren.

Gräser pressen und drucken

Verschiedene Gräser der Wiese werden gesammelt und nach Stiel- und Ährenlänge sowie nach Blütenart sortiert. Ausgewählte Gräser werden mit Hilfe eines Lexikons bestimmt. Gepresste Gräser lassen sich gut zu Collagen weiterverwenden (vgl. S. 117) und eignen sich zum Pflanzendruck: Dazu malt man ein Blatt mit Tinte an, legt die Gräser darauf, deckt das Blatt mit einer dicken Lage Zeitungen ab und beschwert es mit Büchern. Nach kurzer Zeit nimmt man die gefärbten Gräser wieder heraus, legt sie auf das zu bedruckende Papier, deckt alles mit Zeitung ab und legt nochmals kurz schwere Bücher darauf. Entfernt man die Bücher und die Zeitung vorsichtig wieder, ist der Druck fertig.

Gestalten von Wiesentieren

- Kartoffeldruck „Marienkäfer": Halbe Kartoffeln werden mit Wasserfarbe oder Stofffarbe bestrichen. Gestempelt wird auf Papier oder Stoff. Sobald die Farbe trocken ist, werden mit einem schwarzen Filzstift oder einem Stoffmalstift Kopf, Fühler, Punkte und Beine gemalt.
- Marienkäfer aus Käseschachteln oder Walnussschalen: Nachdem auf die Käseschachtel bzw. die halbe Schale einer Walnuss Kopf und Körper eines Marienkäfers gemalt wurde, werden Fühler und Beine aus Tonpapierresten oder aus Pfeifenputzern angeklebt.
- Papierbilder von Schmetterlingen und Schnecken: Die Kinder reißen aus Illustrierten, Krepppapier oder anderen bunten Papierresten Stücke, rollen sie zu kleinen Kugeln und kleben diese in Form einer Schnecke oder eines Schmetterlings auf.
- Sandbilder: Die Kinder färben mit Fingerfarben oder Wasserfarben Sand, malen mit Tapetenkleister die Tierform vor und streuen den bunten Sand darauf.

- Gemeinschaftsarbeit „Wiese": Auf einer Tapetenrolle oder einem Packpapierbogen werden zunächst Gras und Blumen als Hintergrund angebracht (malen, aus Papier reißen und kleben, mit gepressten Gräsern collagieren). Anschließend werden die (nach den oben beschriebenen Techniken angefertigten) Wiesentiere auf der Wiese verteilt.

Kurze Stilleübung auf der Wiese

Die Kinder setzen oder legen sich bequem auf die Wiese. Sie schließen für einige Minuten die Augen, atmen tief und gleichmäßig und achten auf alle Geräusche. Nach der kurzen Stillephase sprechen sie darüber, welche Geräusche sie wahrgenommen haben und wie sie sich bei dieser Übung fühlten.

Miniwiese in der Obstkiste

Gibt es keinen Schulgarten, könnt ihr auch eine Wiese in der Obstkiste anlegen.

Das braucht ihr dazu:
- Obstkiste aus Holz
- Plastikfolie (zum Beispiel Abdeckfolie, großer Müllbeutel)
- einige Reißnägel
- etwas Lehm
- Holzkohle gegen Schimmel
- Mischung aus Erde und Sand
- Wildblumensamen, Wildgräsersamen

So wird es gemacht:
- Kleidet eine Obstkiste mit Plastikfolie aus. Befestigt die Folie am oberen Rand mit Reißnägeln.
- Die unterste Bodenschicht besteht aus Lehm und Holzkohle.
- Darüber füllt ihr eine Mischung aus Erde und Sand ein, da die Wildblumen einen nährstoffarmen Boden brauchen.
- Sät in die Kiste Wildblumen und Gräser.
- Stellt die Kiste an einen sonnigen Platz im Schulhof. Haltet die Erde feucht.

Was lebt denn da?

Das braucht ihr dazu:
- Schaufel
- helles Tuch (von einem alten Bettlaken oder Tischtuch)
- Becherlupen

So wird es gemacht:
- Stecht mit der Schaufel ein kleines Stück Wiesenerde aus.
- Legt das Wiesenstück auf das helle Tuch und drückt es vorsichtig etwas auseinander.
- Beobachtet, welche Tiere zuerst weglaufen. Fangt sie behutsam mit euren Becherlupen ein und betrachtet sie eine Weile.
- Zum Schluss setzt ihr das Wiesenstück wieder in die Wiese ein und lasst alle Tiere frei.

Kraft der Wurzeln

Das braucht ihr dazu:
- Löwenzahnsamen
- etwas Erde
- einige leere Eierschalen

So wird es gemacht:
- Füllt die leeren Eierschalen mit Erde und sät den Löwenzahnsamen hinein.
- Beobachtet, was passiert, wenn die jungen Löwenzahnpflanzen wachsen.

Wiesenkräuter-Püppchen

Das braucht ihr dazu:
- getrocknete Wiesenkräuter (z. B. echte Kamille, aber auch frisches Heu)
- einige gepresste Blüten
- Baumwolltaschentuch (oder ein Stück Baumwollstoff)
- Bindfaden, Schleife
- Kleber, Schere

So wird es gemacht:
- Legt die getrockneten Wiesenkräuter auf das Taschentuch und verschnürt sie fest mit dem Bindfaden.
- Bringt über dem Faden eine schmückende Schleife an.
- Klebt das Gesicht aus den gepressten Blüten auf.

Lieblingsfarben der Insekten

Das braucht ihr dazu:
- Tonpapier in den Farben Weiß, Rot, Gelb, Blau und Violett
- Flaschendeckel
- etwas Zuckerwasser

So wird es gemacht:
- Schneidet aus dem Tonpapier Blüten etwa in der Größe einer Untertasse aus.
- Verteilt die Papierblüten auf der Wiese.
- Beobachtet aus einiger Entfernung: Welche Insekten fliegen welche Farben an? Haben einige Arten Lieblingsfarben (z. B. Schmetterlinge Rot, Bienen Blau und Gelb)?

- *Tipp:*

Macht vorher eine Liste mit den euch bekannten Insekten und den Farben. Während der Beobachtung braucht ihr dann nur Striche zu machen.

Beispiel:

	Schmetterling	Biene	Hummel	Fliege
weiß				
rot				
gelb				
blau				
violett				

- Füllt einen Flaschendeckel mit Zuckerwasser und stellt ihn in die Mitte einer Papierblüte. Falls ihr vorher beobachten konntet, dass Bienen eine Lieblingsfarbe haben, so wählt für dieses Experiment die gleiche Farbe.
- Beobachtet, was geschieht. Wie lange dauert es, bis mehrere Bienen zum Zuckerwasser kommen, nachdem eine Biene die Futterquelle entdeckt hat?

Von der Raupe zum Schmetterling

Im Juli findet ihr Eier von Schmetterlingen, die meist auf der Unterseite von Blättern (zum Beispiel Brennnesseln) versteckt sind. Mit etwas Glück könnt ihr die Entwicklung des Schmetterlings im Klassenzimmer beobachten.

Das braucht ihr dazu:
- abgeschnittene Pflanzenteile mit Schmetterlingseiern
- größerer Plastikbehälter oder altes Aquarium
- kleiner Becher
- Erde
- ein Stück luftdurchlässigen Stoff
- etwas Watte, Schnur

So wird es gemacht:
- Füllt in das alte Aquarium eine dünne Schicht Erde.
- Setzt den Becher mit Wasser hinein und stellt in den Becher die abgeschnittenen Pflanzenteile mit den Schmetterlingseiern.
- Sobald die Raupen geschlüpft sind, deckt ihr den Wasserbecher mit Watte ab, damit die Tiere nicht ertrinken. Deckt das Aquarium mit dem luftdurchlässigen Stoff ab und bindet den Stoff mit dem Faden fest.
- Sobald die Raupen geschlüpft sind, müsst ihr die gefräßigen Tierchen täglich mit frischem Futter (gleiche Pflanze, an der die Eier klebten) versorgen.
- Nach einiger Zeit verpuppen sich die Raupen. Sobald aus den Puppen fertige Schmetterlinge geschlüpft sind, lasst ihr die Falter frei.

Regenwürmer im Klassenzimmer

Wollt ihr mehr über Regenwürmer wissen? Dann könnt ihr sie für einige Tage in eurem Klassenzimmer als Gäste beherbergen.

Eure Beobachtungen, Fotos, Zeichnungen, Geschichten und Lieder rund um den Regenwurm könnt ihr in einem Regenwurmbuch festhalten.

Da Regenwürmer ziemlich störempfindlich sind, müsst ihr beim Beobachten ruhig sein.

Damit sich die Regenwürmer bei euch wohl fühlen, solltet ihr sie nach euren Versuchen und Beobachtungen stets wieder in eine Wurmdose legen. Die Wurmdose bewahrt ihr am besten im Keller eurer Schule (ca. 6 bis 12 Grad Celsius) auf.

Um den Regenwurm beim Herausnehmen nicht zu verletzen, solltet ihr ein Wattestäbchen verwenden.

Nach spätestens drei Wochen schenkt ihr den Regenwürmern die Freiheit wieder. Lasst sie in gutem, lockerem Boden (Schulgarten) frei.

Das braucht ihr dazu:
- Wurmdose mit Wurmerde (erhältlich im Anglerbedarfsgeschäft)
- Marmeladenglas
- schwarzes Tonpapier
- Erde, Sand
- trockenes Laub
- Glasröhre
- Dill, Nelken, Kaffee-, Teesatz
- Kartoffelstückchen, Blätter, Salat, kleine Stückchen Obst, Zucker, Salz
- Glasplatte, verschiedene Papiersorten, Stoffe, Wolle
- Lupen, Taschenlampe, Wattestäbchen

Diese Versuche könnt ihr mit Regenwürmern im Klassenzimmer durchführen:

- Lasst einen Regenwurm auf einer Glasplatte kriechen. Beobachtet seine Bewegungen auch von unten. Verwendet eine Lupe dazu.
- Lasst einen Regenwurm über verschiedene Unterlagen (Papiersorten, Stoffe, Wolle ...) kriechen. Baut kleine Hindernisse. Beobachtet den Regenwurm bei seiner Bewegung.
- Berührt mit einem Wattestäbchen ganz leicht und vorsichtig seine Körperenden. Beträufelt den Regenwurm mit etwas Wasser. Beobachtet seine Reaktionen.
- Dunkelt eine Glasröhre mit schwarzem Tonpapier ab und verschließt sie auf einer Seite. Lasst den Regenwurm in die Röhre kriechen und leuchtet mit einer Taschenlampe hinein.
- Bietet dem Regenwurm verschiedene Gerüche und Nahrungsmittel an. Beobachtet, womit er riecht. Stellt fest, welche Nahrung oder welche Gerüche er mag.
- So könnt ihr mehr über die unterirdische Tätigkeit des Regenwurms erfahren: Füllt in ein Marmeladenglas abwechselnd feuchte Erde und feuchten Sand. Legt dann die Regenwürmer ins Glas und bedeckt sie mit trockenem Laub. Umhüllt das Glas mit schwarzem Tonpapier und stellt es an einen kühlen Ort. Beobachtet täglich, wie die Regenwürmer das Laub nach unten ziehen. Betrachtet die Wurmgänge.

Ein Heim für Schnecken

Auch Schnecken könnt ihr einige Tage im Klassenzimmer beobachten. Damit sich eure kleinen Gäste wohl fühlen, müsst ihr sie täglich mit frischer Nahrung (Salat, Blätter, Obst) versorgen. Verschließt die Öffnung des Schneckenheims mit einem Stück luftdurchlässigen Stoff und befestigt ihn mit einem Bindfaden. Stellt das Schneckenheim an einen kühlen, schattigen Platz. Lasst die Schnecken später wieder auf der Wiese frei.

Das braucht ihr dazu:
- großer Plastikbehälter oder altes Aquarium (mit einer Schicht Erde)
- ein Stück luftdurchlässigen Stoff (zum Beispiel von einer alten Gardine)
- Bindfaden
- Salat, kleine Stücke Obst und Gemüse
- verschiedene Gewürze (zum Beispiel Dill, Basilikum, Nelken, Zucker, Salz)
- Glasplatte, verschiedene Papiersorten, Stoffe, Wolle
- Lupen

Diese Versuche könnt ihr im Klassenzimmer durchführen:

- Lasst eine Schnecke über die Glasplatte kriechen. Beobachtet ihre Bewegungen auch von unten. Verwendet dazu eine Lupe.
- Lasst die Schnecke über verschiedene Unterlagen (Papier, Stoff, Wolle) kriechen. Betrachtet die Spur, die sie hinterlässt. Baut auch kleine Hindernisse.
- Bietet der Schnecke verschiedene Gewürze und Nahrungsmittel an. Stellt fest, welche Gewürze und Nahrung sie besonders mag.

Tipps für den Schulgarten

- Legt eine Brennnesselecke an. Brennnesseln sind für die Raupen vieler Schmetterlinge (z. B. Admiral, Distelfalter, Tagpfauenauge, Kaisermantel, Kleiner Fuchs) eine wichtige Nahrung. Etwa zwanzig verschiedene Insektenarten leben von der Brennnessel.
- Schmetterlings- und Bienengarten: Legt eine Kräuterschnecke für die Schmetterlinge an. Majoran sollte unbedingt dabei sein, da viele Falter ihn sehr mögen. Bienen haben gerne Heidekraut.
- Nächtlicher Besuch im Schulgarten: Wollt ihr wissen, welche Tiere nachts im Schulgarten oder auf der Wiese aktiv sind?
  Halbiert einige Grapefruits und entfernt den größten Teil des Fruchtfleischs. Lasst noch etwas Fruchtfleisch an den Schalen. Legt die Schalen mit der ausgehöhlten Seite nach unten auf den Boden. Durch den Geruch der Früchte werden viele kleine Tiere angelockt. Wenn ihr am nächsten Tag die Schalen umdreht, könnt ihr viele Kleinlebewesen entdecken. Setzt sie vorsichtig (evtl. mit Wattestäbchen) in die Becherlupe und beobachtet sie eine Weile, bevor ihr ihnen wieder die Freiheit schenkt.

Kartenspiele aus gepressten Blumen

„Wiesen-Peter"
Jeweils eine gepresste Wiesenblume wird auf eine Blanko-Karte (oder weißer Karton in Kartengröße) geklebt. Anschließend werden die Karten mit selbst klebender Folie bezogen. Zu jeder Blumenkarte wird eine weitere Karte mit dem Blumennamen beschriftet. Auf eine Karte wird ein lustiges Männchen (Wiesen-Peter) gezeichnet. Das Kartenspiel wird nach den Regeln des Spiels „Schwarzer Peter" gespielt.

„Wiesenblumen-Terzett"
Zu den oben beschriebenen Kartenpaaren wird jeweils noch eine dritte Karte angefertigt mit einem Beschreibungsrätsel zur jeweiligen Blume. Jedes Kind erhält gleich viele Karten. Die Kinder ziehen reihum voneinander eine Karte und legen jeweils drei zusammengehörige Karten als Terzett offen ab. Sieger ist, wer zuerst alle Karten abgelegt hat.

- Tipp:
Die Kartenspiele werden allmählich durch andere Wiesenpflanzen, insbesondere Gräser, ergänzt, sobald diese den Kindern durch den Unterricht bekannt sind.

Es lassen sich auch Kartenspiele mit bekannten Wiesentieren (als Foto oder gezeichnet) herstellen.

Wer errät die Pflanzen und Tiere am schnellsten?

Bilder von Wiesentieren und -pflanzen werden auf DIN-A5-Format vergrößert und angemalt. Ein Stück weißes Tonpapier im DIN-A5-Format wird wie auf den Skizzen zerschnitten. Die Papierteile werden nur auf dem äußeren Rand einer Prospekthülle (DIN A5) festgeklebt. Ohne dass die Mitspieler es sehen können, werden verschiedene Bilder von Wiesentieren und -pflanzen in die Prospekthülle geschoben. Schrittweise wird jeweils ein beliebiger Papierstreifen aufgeklappt. Wer die Abbildung zuerst errät, erhält einen Punkt.

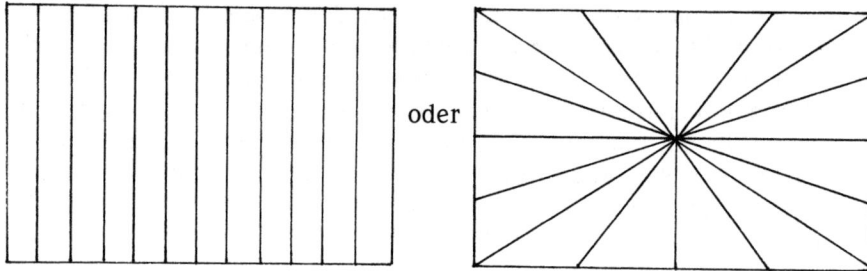

oder

Würfelspiel „Leben auf der Wiese"

Gepresste Wiesenblumen und Gräser sowie Bilder von Wiesentieren werden als Spielfelder eines Würfelspiels auf einem stabilen Karton angeordnet und aufgeklebt. Zusätzlich wird ein Start- und ein Zielfeld eingezeichnet. Zum Schutz der gepressten Pflanzen wird das Spielfeld mit selbst klebender Folie überzogen. Als Spielsteine werden kleine bunt bemalte Steinchen verwendet.

Spielregel:

- Bestimmt vor Spielbeginn einen Joker (Pflanze oder Tier). Wenn jemand auf das Feld mit dem Joker kommt, darf er nochmals würfeln.
- Würfelt reihum. Wer eine Sechs würfelt, verlässt den Start.
- Wenn du die Pflanze oder das Tier richtig benennen kannst, darfst du auf dem Spielfeld bleiben. Ansonsten musst du um die gewürfelte Augenzahl zurückgehen.
- Nur mit einer passenden Zahl darfst du das Zielfeld betreten.

Gedichte, Lieder und Bilder zum Thema Sommerwiese

Verblühter Löwenzahn

Wunderbar
stand er da im Silberhaar.

Aber eine Dame,
Annette war ihr Name,
machte ihre Backen dick,
machte ihre Lippen spitz,
blies einmal, blies mit Macht,
blies ihm fort die ganze Pracht.

Und er blieb am Platze
zurück mit einer Glatze.

Josef Guggenmos

(Aus: *Josef Guggenmos,* Ich will dir was verraten. 1992 Beltz Verlag, Weinheim und Basel. Programm Beltz & Gelberg, Weinheim)

Das Rätsel dient als Einstieg in die Unterrichtseinheit „Kreislauf des Löwenzahns". Ausgehend vom Gedicht suchen die Kinder Löwenzahnblüten im Fruchtstand, führen Keimversuche durch (vgl. auch S. 81) und halten den Kreislauf des Löwenzahns bildlich fest (Zeichnungen oder Fotos).
Das Gedicht lässt sich auch gut pantomimisch darstellen.

Schneckenpost

Ist mein Haus
auch eng und klein
Du passt immer
noch herein

Keine Sorge
bester Schatz!
Ich hab immer für dich Platz!

Anne Steinwart

(Aus: „spielen und lernen", Jahrbuch für Kinder 1992. Velber Verlag. Seelze 1991)

Die Kinder zeichnen ein Schneckenhaus von innen (Querschnitt). Evtl. werden vorher leere Schneckenhäuser vorsichtig aufgeschnitten und betrachtet. Die Kinder gestalten ihre gezeichnete Schneckenwohnung fantasievoll aus und schreiben vielleicht auch kurze, fantastische Texte dazu (Zu Besuch bei einer Schnecke ...).

Schneckenlabyrinth: Eine dicke Kordel wird in Form eines Schneckenhauses auf einen dicken Karton geklebt. Durch geschicktes, ruhiges Bewegen des Kartons lassen die Kinder eine Holzperle den Schneckengang entlang rollen, ohne sie mit den Fingern zu berühren.

Ein mit einer besonders prächtig verzierten Schnecke (vgl. auch Anregungen auf S. 79) versehener Schuhkarton kann auch als Klassenbriefkasten dienen. Die Kinder lassen sich auf diese Weise liebe Grüße gegenseitig zukommen.

Wiese, grüne Wiese

Auf einem Maulwurfshügel,
Da sitzt ein Käfermann.
Er lupft die bunten Flügel
Und schaut die Landschaft an.
Sieht Hälmelein an Hälmelein,
Wo könnt es, denkt er, hübscher sein?
Wiese, grüne Wiese.

Pechnelken stehen vorne.
Das Wiesenschaumkraut blüht.
Die blauen Rittersporne
Sind noch mit Tau besprüht.
Des Käfers kleines Herz wird weit
Von ungemeiner Heiterkeit.
Wiese, grüne Wiese.

Peter Hacks

(Aus: *Peter Hacks,* Der Flohmarkt. Eulenspiegel Verlag. 2001)

Die Kinder legen sich nach dem Lesen des Gedichts auf die Wiese und beobachten Käfer. Angeregt von ihren Beobachtungen schreiben sie kurze Texte (Aus dem Leben des Käfers ...), illustrieren sie oder sie zeichnen einen Comic. Die Werke werden zu einem Gemeinschaftsbuch zusammengefasst.

Fantasiereise nach dem Erarbeiten des Gedichts:

„Stell dir vor, du liegst ganz bequem auf einer Wiese. Du atmest ganz ruhig und riechst den angenehmen Duft der Wiese. Du hörst das Zirpen der Heuschrecken und das Summen der Bienen. Auf einmal steht ein kleiner Marienkäfer vor dir und fragt: „Hast du nicht Lust, mich heute auf der Wiese zu begleiten?" Das möchtest du natürlich gerne. Du streichst dreimal über die Blüte eines Löwenzahns und schon beginnst du zu schrumpfen. Bald bist du so klein wie der Käfer. Die Wiese sieht jetzt ganz anders aus. Nur langsam kommt ihr im dichten Dschungel der Blätter und Stängel voran. Deshalb setzt du dich auf den Rücken des Käfers. Der Käfer fliegt mit dir über die Wiese. Ihr besucht auch Freunde des Käfers ...

Als es Abend wird, verabschiedest du dich von deinem Freund, dem Käfer. Du berührst dreimal den Stängel eines Löwenzahns und beginnst wieder zu wachsen. Glücklich machst du dich auf den Heimweg und denkst dabei an deine schönen Erlebnisse auf der Wiese."

Die Kinder erzählen von ihrer Fantasiereise, schreiben anschließend ihre Geschichten (Unterwegs mit dem Käfer ...) auf und sammeln sie in einem Klassenbuch.

- **Texte „Die Schnecke" und „Bunte Falter"**
(Aus: *Friedrich Benesch und Christel Stalf*, Machet auf das Tor. Waldorfpädagogik für staatliche Schulen. Ernst Klett Verlag. Stuttgart 1983)

Die Schnecke

Wenn es regnet auf der Wiese,
kriecht die Schnecke aus dem Haus,
nasses Gras und grüne Kräuter
sind für sie der beste Schmaus.
Hat ihr Häuschen auf dem Rücken,
will nur nasses Grünes pflücken.
Kommt die Sonne warm hervor,
müssen alle Schnecken
schleunigst sich verstecken.

Die Kinder werden in drei Gruppen eingeteilt. Während eine Gruppe den Text klanggestaltend und sehr langsam spricht, untermalt eine zweite Gruppe den Text klanglich mit einfachen Instrumenten (z. B. Schütteldosen für den Regen, Glockenspiel und Metallophon für die Sonne). Die dritte Gruppe stellt den Text dar. Dazu kauern sich die Kinder in Kreisform auf dem Boden zusammen. In der Mitte des Kreises liegen grüne Tücher. Langsam strecken sie sich auf dem Bauch aus, um das „Grün" in der Kreismitte zu erreichen. Sobald das Glockenspiel bzw. Metallophon erklingt, ziehen sie sich wieder zurück und nehmen ihre anfängliche kauernde Haltung ein.

Bunte Falter

Scheint die Sonne warm und schön,
kannst du bunte Falter sehn.
Mit der Wärme, mit dem Licht
zeigen sie dir ihr Gesicht.
Breiten ihre schönen Flügel,
flattern über Tal und Hügel,
leicht und bunt und schön und fein:
Sie müssen Sonnenkinder sein.

Die Kinder basteln sich entweder bunte Flügel aus Seiden- oder Krepppapier oder bewegen sich mit Tüchern aus Tüllstoff. Die Stoff- oder Papierflügel werden an den Schultern und den Handgelenken befestigt. Während eine Gruppe den Text spricht, untermalt ihn eine andere Gruppe mit Glockenspiel und Metallophon. Eine dritte Gruppe bewegt sich als Schmetterlinge durch den Raum.

Oder alle Kinder stellen sich in Schmetterlingskostümen in Kreisform auf. Die Kreismitte wird mit gelben Tüchern (Sonne) gestaltet. Gemeinsam sprechen sie den Text. Anschließend bewegen sie sich zu einer ruhigen klassischen Musik im Raum und sprechen dabei wiederholt „Sonne – Wärme – Licht". Einzelne Gruppen können auch kurze Schmetterlingstänze einüben.

* **Bildbetrachtung „Das große Rasenstück" von Albrecht Dürer**

Bei der Bildbetrachtung setzen sich die Kinder schwerpunktmäßig mit den verschiedenen Pflanzenformen und Grüntönen auseinander. Beim Nachgestalten können sie Wiesenbilder mit Wasserfarben malen, gepresste Wiesenblumen und Gräser aufkleben oder mit gepressten Blumen und Gräsern drucken (vgl. auch S. 79). Sie können auch einen Marienkäfer oder bunten Schmetterling als Kontrast auf ihrem Bild platzieren und dann die eigenen Werke mit Dürers Rasenstück vergleichen. Es hat sich bewährt, jeweils vier bis sechs Kinder an einem großflächigen Wiesenbild arbeiten zu lassen.

Dürers Bild „Das große Rasenstück" ist in Farbe abgebildet z. B. in Kammerlohr, Epochen der Kunst. Band 3. Neubearbeitung. Oldenbourg Schulbuchverlag. 1999, S. 97.

● Spiellied „Eine dicke Raupe" (Schmetterlingslied)

Textrechte: Rolf Krenzer; Melodie: Ludger Edelkötter

1. Ei - ne di - cke Rau - pe kriecht von Blatt zu Blatt,

lässt es sich gut schme - cken, frisst sich rich - tig satt,

frisst sich rich - tig satt.

2. Einmal wird die Raupe
   satt und müde sein,
   spinnt sich ein im Häuschen
   und schläft darin ein.

3. Aus der fetten Raupe,
   klein und so gering,
   wird, wenn sie erwacht, ein
   bunter Schmetterling.

4. Fliege, kleiner Falter,
   du bist wunderschön!
   Alle stehn und staunen,
   wenn sie dich jetzt sehn.

5. Ich breit beide Arme
   weit, so weit jetzt aus.
   Seht nur her, ich fliege
   in die Welt hinaus.

6. Seid behutsam, Leute!
   Rührt mich ja nicht an!
   Gott will, das ein jedes Tier
   sein Leben leben kann.

(Aus: *Rolf Krenzer u. Ludger Edelkötter,* Hast du etwas Zeit für mich? KiMu Kinder Musik Verlag GmbH, 42555 Velbert)

Vorbereitung zum Spiellied:
Unter einer braunen Decke werden bunte Tücher versteckt. Im Raum werden grüne Tücher verteilt, die die Nahrung der Raupen darstellen.
Spiel:
Während eine Gruppe das Lied singt, spielen die Kinder der anderen Gruppe die Raupen, die sich in Schmetterlinge verwandeln. Nach dem Spiel werden die Rollen getauscht.

Zur ersten Strophe kriechen die Kinder als Raupen zu den grünen Blättern. Während der zweiten Strophe kriechen sie unter die braune Decke. Am Ende der dritten Strophe verlassen sie die braune Decke mit den bunten Tüchern. Während der letzten drei Strophen bewegen sich die Kinder mit den bunten Tüchern als Schmetterlinge durch den Raum.

● Spiellied „Wie ein bunter Schmetterling"

Text: Rolf Krenzer/Musik: Detlev Jöcker

1. Wie ein bun-ter Schmet-ter-ling breit ich die Flü-gel aus und flieg so gut ich flie-gen kann weit in die Welt hi-naus. Und flieg so weit ich flie-gen kann weit in die Welt hi-naus.

2. Willst du ein bunter Schmetterling
an meiner Seite sein?
Dann fliegen wir zusammen los
und sind nicht mehr allein.
Dann ...

3. Wenn wir müd vom Fliegen sind,
dann ruhen wir uns aus,
und fliegen gleich schon wieder los,
weit in die Welt hinaus.
Und ...

(Aus: Buch, CD und MC: Elefantis Liederwiese. Alle Rechte im Menschenkinder Verlag. 48157 Münster)

Die Kinder haben sich aus Papier oder Stoff Schmetterlingsflügel gebastelt (vgl. auch S. 92) und stehen im Kreis. Während der ersten Strophe bewegt sich ein Kind als Schmetterling im Kreis herum. Zu Beginn der zweiten Strophe berührt es ein weiteres Kind sanft, das daraufhin mit dem ersten Schmetterling mitfliegt. Während der dritten Strophe trennen sich beide Schmetterlinge und laden zwei andere Kinder zum Mitfliegen ein. Die Kinder singen so lange die zweite und die dritte Strophe, bis sich alle als Schmetterlinge im Raum bewegen. Auf ein akustisches Zeichen der Lehrerin hin setzen sich die Kinder auf den Boden und singen „Wenn wir müd vom Fliegen sind, dann ruhen wir uns aus."

- **Spiellied „Beim Sommerfest auf der Wiese"**

Text: Rolf Krenzer/Musik: Detlev Jöcker

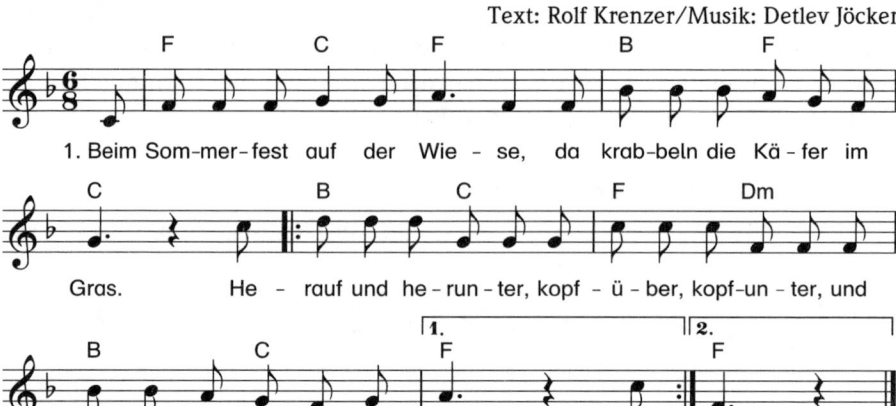

1. Beim Som-mer-fest auf der Wie - se, da krab-beln die Kä - fer im Gras. He - rauf und he - run - ter, kopf - ü - ber, kopf-un - ter, und das macht den Kä - fern viel Spaß. He - Spaß.

2. Beim Sommerfest auf der Wiese,
   da summen die Bienen herum,
   herauf und herunter,
   kopfüber, kopfunter,
   und das ist ein herrlich Gebrumm.

3. Beim Sommerfest auf der Wiese,
   da tanzen die Mäuse ganz leis,
   herauf und herunter,
   kopfüber, kopfunter,
   und drehen sich fröhlich im Kreis.

4. Beim Sommerfest auf der Wiese,
   da spielen die Brummer den Bass,
   herauf und herunter,
   kopfüber, kopfunter,
   und das macht dann allen viel Spaß.

5. Beim Sommerfest auf der Wiese,
   da pfeifen die Vögel ein Lied,
   herauf und herunter,
   kopfüber, kopfunter,
   da pfeifen wir alle gleich mit.

6. Beim Sommerfest auf der Wiese,
   sind auch viele Kinder dabei,
   herauf und herunter,
   kopfüber, kopfunter,
   da pfeifen wir alle gleich mit.

7. Beim Sommerfest auf der Wiese,
   da singen die Kinder ein Lied,
   herauf und herunter,
   kopfüber, kopfunter,
   dann singen die Großen gleich mit.

8. Das Sommerfest auf der Wiese
   ist spät erst, wenn's dunkel wird, aus.
   Herauf und herunter,
   kopfüber, kopfunter,
   so gehen jetzt alle nach Haus.

Weitere mögliche Strophen:

Beim Sommerfest auf der Wiese,
da spielen die Grillen zum Tanz,
herauf und herunter,
kopfüber, kopfunter,
da tanzen auch Liesel und Hans.

Beim Sommerfest auf der Wiese,
da tanzt auch ein Schmetterlingspaar,
herauf und herunter,
kopfüber, kopfunter,
und das ist dann ganz wunderbar.

Beim Sommerfest auf der Wiese,
da springen die Frösche herzu,
herauf und herunter,
kopfüber, kopfunter,
und quaken dann laut noch dazu.

(Aus: Buch, CD und MC: Elefantis Liederwiese. Alle Rechte im Menschenkinder Verlag. 48157 Münster)

Zum Abschluss der Lerneinheit „Leben auf der Sommerwiese" können die Kinder ein Wiesenfest feiern. Das Lied „Beim Sommerfest auf der Wiese" regt die Kinder an, sich als Wiesentiere zu verkleiden und zu bewegen. Die Kinder stehen im Kreis und singen gemeinsam das Lied. Zu jeder Strophe bewegen sich die Kinder, die die entsprechenden Tiere darstellen, in der Kreismitte. Bei der letzten Strophe ziehen die Kinder als Schlange durch den Raum und verteilen sich schließlich unter die Gäste.

DIE HECKE LEBT

Hecken sind in der Natur von großer Bedeutung. Sie dienen als Wind- und Erosionsschutz, stellen Luft- und Lärmfilter dar, bieten vielen Tieren Deckung und sichern einer Vielzahl von Arten das Überleben. Deshalb ist es ein wichtiges umweltpädagogisches Ziel, die Kinder möglichst früh für die Artenvielfalt und die Lebenszusammenhänge in einer Hecke zu sensibilisieren. Im Sommer wird deshalb eine nahe gelegene Hecke wiederholt besucht. Vor dem Lerngang machen sich die Kinder mit den folgenden Anleitungskarten vertraut und führen dann die Aktivitäten vor Ort in der Kleingruppe durch.

Ausstellung „Lebensraum Hecke"

- Ab Juni beginnt für viele Heckenpflanzen die Blütezeit (zum Beispiel Heckenrose, schwarzer Holunder, Weißdorn). Sammelt einzelne Blüten und die dazugehörigen Blätter. Ihr könnt die Pflanzen auch zeichnen oder fotografieren. Später legt ihr die Früchte zu den Pflanzen und stellt Namenschilder dazu.

- Sammelt in der Hecke Vogelfedern. Betrachtet die Federn mit der Lupe oder unter dem Mikroskop. Vielleicht könnt ihr sogar noch Milben entdecken.
  Für die Ausstellung reinigt ihr alle Federn sorgfältig mit Seifenwasser.
  Bastelt euch aus einem Stück Wellpappe einen Ständer, in den ihr eure Federn steckt. Ihr könnt auch lustige Flugobjekte aus Federn basteln.

- Baut ein Hecken-Mobile. Schneidet dazu einige kurze, gerade Ästchen von einem Strauch ab. Bindet an die Ästchen Blüten, Blätter oder Früchte von Heckenpflanzen. Malt Tiere, die in der Hecke leben, und bindet sie ebenfalls fest. Verbindet die geschmückten Ästchen zu einem Mobile.

- Macht die Zusammenhänge des Lebens in der Hecke deutlich. Dazu zeichnet ihr einen großen kahlen Strauch auf einen Bogen Packpapier oder ein Tuch (zum Beispiel altes Bettlaken). Klebt auf die Rückseite des Papiers oder des Tuches Wellpappe oder dünnes Styropor (gibt es auf Rollen im Baumarkt). Presst verschiedene Blätter von Heckensträuchern und klebt sie an eurem Strauch fest. Schmückt den Strauch mit einigen Blüten und Früchten der Hecke. Zeichnet Tiere der Hecke (verschiedene Schmetterlinge, Spinnen, Raupen, Schnecken, Vögel, Igel, Maus) und klebt sie an geeigneten Stellen eures Bildes fest. Bringt an den Tieren und Pflanzen Stecknadeln an. Spannt zwischen Tieren und Pflanzen, die von einander abhängig sind (zum Beispiel: Igel und Schnecke, Hummel und Heckenrose) einen roten Wollfaden. Lasst etwas Wollfaden liegen. Vielleicht finden Betrachter eures Bildes weitere Zusammenhänge.

Kleine Tiere der Hecke

Kleine und oftmals flinke Tiere, die in Heckensträuchern leben, könnt ihr unverletzt fangen und genauer betrachten.

Das braucht ihr dazu:
* Regenschirm
* einige Wattestäbchen
* Becherlupen

So wird es gemacht:
* Dreht den geöffneten Regenschirm um und haltet ihn unter einen Strauch.
* Schüttelt vorsichtig die Zweige des Strauches. Passt auf, dass ihr keine Zweige abbrecht.
* Ihr werdet staunen, wie viele kleine Lebewesen sich bald in eurem Regenschirm tummeln. Setzt sie vorsichtig in die Becherlupen. Vielleicht müsst ihr mit den Wattestäbchen etwas nachhelfen.
* Betrachtet die Tiere eine Weile. Ihr könnt mit einem Naturführer herausfinden, wie sie heißen. Zeichnet die Tiere für eurer Heckenbuch oder für die Hecken-Ausstellung ab.

Leere Vogelnester

Achtet darauf, dass die Vogelnester wirklich verlassen sind. Denkt daran, dass viele Vögel im Sommer ein zweites Mal brüten. Vergesst nie, euch gründlich die Hände zu waschen, nachdem ihr Vogelnester untersucht habt.

Das braucht ihr dazu:
* leere Vogelnester
* Pinzetten
* Lupen
* Karton
* Kleber

So wird es gemacht:
* Zupft mit der Pinzette das leere Vogelnest auseinander.
* Betrachtet die verschiedenen Baumaterialien auch unter der Lupe. Vielleicht entdeckt ihr noch kleine Lebewesen (zum Beispiel Milben).
* Klebt die verschiedenen Baumaterialien getrennt auf einen Karton.
* Legt in eurer Heckenausstellung ein leeres Vogelnest neben den Karton mit den verschiedenen Baumaterialien.

* *Tipp:*
Vielleicht habt ihr Lust, aus verschiedenen Baumaterialien Vogelnester nachzubauen.

Spinnennetze sammeln

Das braucht ihr dazu:
- weißer Karton (ca. 50 cm mal 50 Zentimeter)
- Tapetenkleister, Tinte, Gummihandschuhe
- Pumpsprayflasche (zum Besprühen von Zimmerpflanzen)

So wird es gemacht:
- Sucht im Spätsommer am Morgen, wenn das Gras noch vom Tau feucht ist, ein schönes Spinnennetz. Ihr könnt das Netz aber erst mitnehmen, wenn es die Sonne getrocknet hat. Merkt euch deshalb die Fundstelle genau.
- Zieht euch Gummihandschuhe an und füllt Tinte in die Sprayflasche. Bestreicht den Karton dünn mit Tapetenkleister. Sobald die Spinne das Netz verlassen hat, besprüht ihr das trockene Netz gleichmäßig mit Tinte.
- Während einer von euch vorsichtig den Karton gegen das Spinnennetz drückt, reißt der andere die Aufhängefäden des Netzes ab.
- Lasst das Netz trocknen. Legt es zu eurer Heckenausstellung.

- *Tipp:*
Ihr könnt Spinnennetze auch selber basteln.
Dazu bindet ihr vier bis fünf kurze Ästchen zu einem Rahmen zusammen und knüpft anschließend in diesem Rahmen ein Spinnennetz. Ihr könnt aber auch auf einem Stück dicker Pappe oder Kork ein Spinnennetz mit Stecknadeln und Faden spannen. Die Skizze zeigt, wie eine Kreuzspinne beim Netzbau vorgeht.

 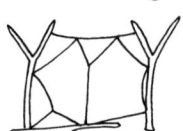  

Wir richten ein Spinnen-Terrarium ein

Für einige Tage könnt ihr im Klassenzimmer ein Heim für eine Spinne einrichten. So habt ihr Gelegenheit, die Spinne beim Netzbau oder Beutefang genauer zu beobachten. Denkt daran, dass ihr die Spinne mit lebenden Fliegen oder Mücken versorgen müsst. Da Spinnen Einzelgänger sind, solltet ihr für das Spinnen-Terrarium nur eine Spinne fangen. Weil sich aufgeschreckte Spinnen meistens an ihrem eigenen Faden abseilen, haltet ihr einfach ein leeres Marmeladenglas darunter und verschließt das Glas rasch. Merkt euch die Stelle, an der ihr die Spinne gefangen habt und setzt sie nach ein paar Tagen an der gleichen Stelle wieder aus. Vielleicht habt ihr auch Lust, für die Zeit, in der die Spinne euer Gast ist, ein Tagebuch zu führen.

Das braucht ihr für das Spinnen-Terrarium:
- größerer Plastikbehälter oder altes Aquarium
- ein Stück luftdurchlässigen Stoff (zum Beispiel alte dicht gewebte Gardine) und Bindfaden
- Gartenerde und Laub
- leeres Marmeladenglas
- einige frische Zweige mit Blättern
- einige trockene Zweige
- kleine Schale (zum Beispiel Schraubdeckel einer Saftflasche)

So wird das Spinnen-Terrarium eingerichtet:
- Schüttet auf den Boden des Behälters Gartenerde und streut das Laub darüber.
- Füllt das Marmeladenglas mit Wasser und stellt die frischen Zweige ins Glas. Setzt das Glas ins Terrarium.
- Verteilt die trockenen Zweige im Terrarium.
- Setzt die flache Schale mit Wasser in den Behälter, damit die Spinne trinken kann.
- Setzt jetzt eure Spinne im Terrarium aus. Sie wird bald damit beginnen, ein Netz zu bauen.
- Deckt das Terrarium mit dem luftdurchlässigen Stoff ab und bindet ihn mit dem Faden fest.
- Fangt für die Spinne eine lebende Fliege und beobachtet.

- *Tipp:*
Wollt ihr eine Spinne kurze Zeit ganz genau betrachten, so setzt sie in eine Becherlupe. Versucht ihren Namen mit Hilfe eines Naturführers zu bestimmen. Zeichnet sie für euer Hecken-Buch.

Tipps für den Schulgarten

- Ein Steinhaufen als Lebensraum für Heckentiere

Schichtet an einer sonnigen Stelle im Schulgarten locker Bruch- und Feldsteine auf. Lasst dabei viele Spalten und Ritzen.
Der Steinhaufen dient vielen Heckentieren wie Zauneidechse, Spitzmaus, Würmern, Asseln und Spinnen als Unterschlupf. Mit etwas Glück nehmen ihn auch Hummeln und Wildbienen als Nistplatz an. Stellt nach einiger Zeit fest, welche Pflanzen sich ansiedeln.

- Ein Reisighaufen als Lebensraum für Heckentiere

Schichtet aus Wurzelstöcken, Ästen, Heckenschnitt sowie Zweigen mit Dornen und Stacheln einen Haufen auf. Ergänzt den Reisighaufen von Zeit zu Zeit mit neuem Material. Bald werden sich auf dem toten Holz Flechten, Moose und Pilze ansiedeln. Der Reisighaufen ist für Spinnen und Käfer der ideale Lebensraum. Vielleicht nützen ihn auch bald Erdkröte, Eidechse oder Igel als Versteck.

Würfelspiel „Lebensraum Hecke"

Von den 60 Feldern des Spielplanes werden 18 beliebige Felder (jedes dritte oder vierte Feld) rot angemalt.
Die Rätselkarten enthalten auf der Vorderseite ein Beschreibungsrätsel und auf der Rückseite die Lösung. Die Karten liegen mit der Vorderseite nach oben auf einem Stapel. Als Spielsteine dienen kleine Steinchen oder leere Schneckenhäuser.

Spielregeln:
- Würfelt reihum. Wer eine Sechs würfelt, verlässt das Startfeld.
- Kommst du auf ein rotes Feld, nimmst du die oberste Rätselkarte vom Stapel. Kannst du das Rätsel lösen, darfst du noch einmal würfeln. Ansonsten musst du einmal aussetzen. Die Karte legst du wieder unter den Stapel.
- Das Ziel erreichst du nur, wenn du eine passende Zahl würfelst.

Rätselkarten und Lösungen:

Ich fresse Insekten, Schnecken, Frösche und sogar Schlangen. Richtig munter bin ich nur am Abend und in der Nacht. Den ganzen Winter verschlafe ich in einem sicheren Versteck.	**Igel**
Ich fresse am liebsten Insekten und andere kleine Tiere. Ich muss mich in der Hecke gut vor Katzen, Greifvögeln und Eulen verstecken, weil das meine größten Feinde sind.	**Spitzmaus**
Ich gehöre zu den Kriechtieren und lege Eier. Meine Haut ist grün und braun. Im Winter falle ich in eine Kältestarre. Wenn Gefahr droht, kann ich meinen Schwanz abwerfen. Er wächst wieder nach.	**Zauneidechse**
Mein Name klingt recht gefährlich. Ich liebe Hecken mit Dornensträuchern. Sobald ich große Insekten sehe, stürze ich mich auf sie. Wenn ich einmal mehr fange als ich fressen kann, spieße ich meine Beute auf den Dornen auf.	**Neuntöter**
Ich bin ein geselliger Vogel. Mein Nest baue ich am Boden. Mit meinem braunen Gefieder bin ich in der Hecke gut getarnt. Am liebsten fresse ich Samen. Aber auch Insekten und Würmer verschmähe ich nicht.	**Rebhuhn**
Meine Haut ist braun. Ich habe viele Warzen. Ich bin sehr nützlich, weil ich viele Schädlinge vertilge. Ich habe nur wenige Feinde, weil ich giftig bin.	**Erdkröte**

Rätselkarten und Lösungen:

Ich bin eine sehr geschickte Baumeisterin. Mein Gift ist nur für Insekten, nicht aber für den Menschen gefährlich. Auf meinem Rücken kannst du ein Kreuz entdecken.	**Kreuzspinne**
Mit meinen acht langen Beinen verwechseln mich manche mit einer Spinne. Ich sitze am liebsten auf Sträuchern und taste mit meinen Beinen die Umgebung ab. Bei Gefahr kann ich sogar ein Bein abwerfen. Es wächst aber leider nicht mehr nach.	**Weberknecht**
Ich bin besonders prächtig gefärbt. Feinde erschrecken vor mir, weil sie meinen, sie würden vier große Augen sehen. Meine schwarzen Kinder, die am liebsten Brennnesseln essen, sind durch Stacheln geschützt.	**Pfauenauge**
Ich verberge mich in den Büschen und ernähre mich von den verschiedensten Kräutern und Blättern. Mein Haus zieren braune und gelbe Bänder. Für viele Tiere bin ich ein Leckerbissen.	**Weinbergschnecke**
Ich habe sechs Beine und vier zarte, durchsichtige Flügel. Mein Körper ist recht dick und dunkel behaart. Nur am Ende meines Körpers habe ich orange Härchen. Ich kann tief brummen. Am liebsten niste ich unter alten Steinhaufen in der Hecke.	**Hummel**
Ich kann fünf Meter hoch werden. Ich habe schöne weiße Blüten mit roten Staubblättern. Später werden aus den Blüten rote, eiförmige Früchte. Aus mir machen die Menschen auch Medizin.	**Weißdorn**

Rätselkarten und Lösungen:

Ich werde ungefähr drei Meter hoch. Meine Blüten sind rosa. Vorsicht, ich habe Stacheln! Aus meinen roten Früchten kannst du Tee kochen.	**Heckenrose**
Ich werde ungefähr drei Meter hoch. Im Mai trage ich viele kleine, weiße Blüten. Daraus entwickeln sich kugelige, dunkelblaue Früchte, die etwa so groß wie Kirschen sind. Ich werde als Medizin gebraucht.	**Schlehe**
Ich kann sechs Meter hoch werden. Im Frühjahr hängen grüne und gelbliche Kätzchen an meinen Zweigen. Meine braunen Früchte haben eine harte Schale. Der Kern schmeckt vielen gut.	**Haselnuss**
Ich bin ungefähr einen Meter hoch. Im Mai beginne ich weiß zu blühen. Meine länglichen roten Früchte sind bei vielen Kindern sehr beliebt.	**Himbeere**
Ich werde etwa zwei Meter hoch. Meine Blätter und Stiele tragen Stacheln. Meine Blüten sind weiß oder rötlich. Meine länglichen Früchte sind erst grün und dann rot. Erst wenn sie schwarz glänzen, kannst du sie essen.	**Brombeere**
Ich bin ein Strauch, der drei bis sieben Meter hoch werden kann. Meine Blüten sind gelblichweiß. Später werden schwarze Beeren daraus. Aus den Beeren kannst du einen dunkelroten Saft machen, der gegen Erkältungen hilft.	**Holunder**

Spielplan „Lebensraum Hecke"

DER WALD IM SOMMER

Gerade in der Sommerhitze wird der kühle Wald als besonders angenehm empfunden. Die meisten Kinder verbinden mit dem Wald positive Erlebnisse. Die folgenden Vorschläge regen die Kinder zu einem aktiven und möglichst selbstständigen Erfahren an.

Tastkiste

In die schmale Seite eines leeren Schuhkartons wird ein Loch geschnitten, durch die eine Kinderhand passt. Vor diesem Loch bringt man ein Stück Stoff an, damit die Kinder beim Griff in die Kiste die Tastobjekte nicht sehen können. Sicher macht es den Kindern Spaß, die Tastkiste mit Waldmotiven zu verzieren. Kleine Fundstücke von einem Waldspaziergang wie Blätter, Ästchen, Zapfen, Nadeln, Steinchen, Rindenstücke, kleine Moospolster, Federn u. Ä. werden in die Kiste gelegt. Die Kinder versuchen die ertasteten Objekte möglichst genau zu beschreiben und zu benennen, bevor sie sie herausholen.

- *Tipp:*
Ein künstlicher Gegenstand (beispielsweise ein Abfallobjekt), der nicht in den Wald gehört, wird durch Befühlen erraten und aus der Tastkiste geholt.

Fühlpfad

Verschiedene Materialien aus dem Wald wie Laub, Fichtennadeln, kleine Rindenstückchen, Moospolster u. Ä. werden nacheinander als Pfad auf den Schulhof gestreut. Man kann auch die Materialien getrennt in Kisten füllen und anschließend die Kisten hintereinander aufstellen. Die Kinder werden von einem Partner geführt und begehen barfuß den Pfad mit geschlossenen oder verbundenen Augen. Sobald sie neues Material mit den Füßen erfühlen, beschreiben sie es und versuchen, es zu benennen.

Waldmuseum

Alle Fundstücke, die die Kinder von ihren Waldspaziergängen mitbringen, werden nach Möglichkeit mit Hilfe eines Naturführers bestimmt und beschriftet. Genauere Angaben zum Fundort oder kurze Erläuterungen zu den Fundstücken ergänzen die Informationskarten. Das Waldmuseum wird durch Fotos, Zeichnungen der Kinder, Steckbriefe zu Pflanzen oder Tieren ergänzt.

Baumpuzzle

Scheiben von Stämmen verschiedener Baumarten werden in Stücke zersägt. Jedes Stück wird mit einem Buchstaben der Baumart beschriftet. Werden die Stücke richtig zusammengesetzt, ergibt sich der Name des Baumes.

Die Kinder betrachten die Jahresringe, aus deren Zahl sich das Alter des Baumes ablesen lässt. Dabei sind breite Jahresringe ein Hinweis auf „gute" Baumjahre. Die Kinder betasten die Rinde der zusammengesetzten Baumscheiben genau, anschließend befühlen sie mit verbundenen Augen verschiedene Baumscheiben und versuchen die jeweilige Baumart zu bestimmen.

Waldgeräusche-Quiz

Mit einem Kassettenrekorder werden verschiedene Waldgeräusche (z.B. Rascheln des trockenen Laubes, Vogelstimmen, Motorsäge usw.) aufgezeichnet. Zu jedem Geräusch wird eine Karte angefertigt, auf der das Geräusch bildlich oder schriftlich dargestellt wird. Im Quiz werden diese Karten den entsprechenden Geräuschen zugeordnet.

Borkenkäfer-Befall

Fichtenwälder werden häufig vom Borkenkäfer befallen, der seine Gänge unter der Rinde anlegt. Die Rinde stark befallener Bäume blättert ab, sodass auf dem Holz die Gänge wie ein Muster sichtbar werden. Fotos davon oder Scheiben befallenen Holzes gefällter Bäume werden im Waldmuseum ausgestellt.

Stille-Übungen

Die Kinder sitzen bequem auf dem Waldboden. Sie schließen für einige Minuten die Augen, atmen tief und entspannt und nehmen bewusst die Gerüche und Geräusche des Waldes wahr. Anschließend sprechen sie über ihre Sinnesempfindungen.

Lebensbeziehungen des Waldes

Auf ein altes Tuch wird ein großer kahler Baum mit Wurzeln gezeichnet. Die Rückseite des Tuches wird mit dünnem Styropor verstärkt. Die Kinder schmücken die Äste des Baumes mit Nadeln und Blättern verschiedener Waldbäume. Bilder von Waldtieren werden den entsprechenden Lebensbereichen innerhalb eines Baumes (zum Beispiel: Käfer, Maus im Wurzelbereich, Raupen, Schmetterlinge, Specht am Stamm, Vögel und Eichhörnchen in der Baumkrone) zugeordnet und mit Stecknadeln versehen. Abhängigkeiten zwischen Tierarten werden durch rote Schnüre verdeutlicht, die zwischen den jeweiligen Tieren gespannt werden. Auf diese Weise werden die vielfältigen Lebensbeziehungen sichtbar gemacht.

Würfelspiel „Bäume des Waldes"

Gepresste Blätter und Nadeln verschiedener Baumarten werden in Form eines Spielplanes auf dicke Pappe geklebt. Besonders große Blätter stellen das Start- und das Zielfeld dar. Selbst klebende Folie schützt das Spielfeld. Als Spielsteine dienen bunt bemalte Erlenzapfen oder Steinchen.

Spielregel:
- Bestimmt vor Spielbeginn einen Joker (zum Beispiel „Buche"). Immer, wenn du beim Würfeln auf ein Blatt des Joker-Baumes kommst, darfst du noch einmal würfeln.
- Würfelt reihum. Sobald du eine Sechs würfelst, darfst du das Startblatt verlassen.
- Kannst du den Namen des Baumes bei deiner gewürfelten Augenzahl richtig benennen, darfst du auf diesem Spielfeld bleiben. Ansonsten musst du um die gewürfelte Augenzahl zurückgehen.
- Das Zielblatt kannst du nur mit einer passenden Augenzahl betreten.

Kartenspiele

• „Schwarzer Wald-Peter"

Auf Blanko-Karten (oder Karton im Kartenformat) werden Bilder von Waldpflanzen und -tieren geklebt oder gezeichnet. Zu jeder Bildkarte gehört eine Karte mit dem Namen des Tieres oder der Pflanze. Auf eine Karte wird ein „Schwarzer Wald-Peter" gemalt. Das Kartenspiel wird nach den Regeln des Spiels „Schwarzer Peter" gespielt.

• Wald-Terzett

Die oben beschriebenen Kartenpaare werden jeweils durch eine dritte Karte mit einem Steckbrief der jeweiligen Pflanze oder des Tieres ergänzt (ohne Namensnennung). Die Kinder ziehen reihum voneinander eine Karte. Wer drei zusammengehörige Karten hat, legt sie offen als Terzett ab. Sieger ist, wer zuerst alle Karten abgelegt hat.

Die Gäste der Buche

Mietegäste vier im Haus
Hat die alte Buche.

Tief im Keller wohnt die Maus,
Nagt am Hungertuche.

Stolz auf seinen roten Rock
Und gesparten Samen
Sitzt ein Protz im ersten Stock,
Eichhorn ist sein Namen.

Weiter oben hat der Specht
Seine Werkstatt liegen,
Hackt und zimmert kunstgerecht,
Dass die Späne fliegen.

Auf dem Wipfel im Geäst
Pfeift ein winzig kleiner
Musikante froh im Nest.
Miete zahlt nicht einer.

Rudolf Baumbach

(Aus: *James Krüss* (Hrsg.), So viele Tage wie das Jahr hat. C. Bertelsmann Verlag, München 1986)

Das Gedicht wird als Rätsel ohne die Tiernamen präsentiert.
Die Kinder können zu anderen Bewohnern des Baumes weitere Strophen dichten.
In Gruppenarbeit stellen sie Bäume mit ihren verschiedenen Bewohnern in Collage-Technik (z.B. mit verschiedenen Naturmaterialien) her. Die Kinder können auch an passenden Stellen des Baumes Beschreibungsrätsel von Baumbewohnern anbringen.

Kreatives Schreiben: „Abenteuer im Sommerwald"

Die Kinder machen zunächst vielfältige Sinneserfahrungen im Wald (sehen, hören, riechen, tasten). Anschließend gehen sie auf eine Fantasiereise, in der ihnen eine Waldfee oder ein Waldtroll begegnet oder aber ein Waldtier sie einlädt, mit ihm den Wald neu zu entdecken. Nach einer kurzen Aussprache verteilen sich die Kinder im Wald und schreiben ihre Waldgeschichten auf, die in einem Klassenbuch gesammelt werden.

Wir sammeln Rinden-Muster

Das braucht ihr dazu:

* einige Blätter weißes Papier
* Wachsmalkreiden oder Buntstifte
* Klebeband
* einige Rindenstückchen von verschiedenen Baumarten
* Gipsmasse
* Deckel einer Pralinenschachtel

So wird es gemacht:
* Befestigt das Papier mit dem Klebeband an einem Baumstamm.
* Bemalt das Papier großflächig mit Wachsmalkreiden oder Buntstiften. Allmählich wird das Rindenmuster sichtbar.
* Sammelt verschiedene Rindenmuster. Ihr könnt sie zum Beispiel als Einband für euer Waldbuch verwenden.
* Sammelt kleine Rindenstückchen.
* Rührt etwas Gipsmasse an und schüttet sie in den Deckel einer leeren Pralinenschachtel. Bevor die Gipsmasse richtig fest wird, drückt ihr kurz die verschiedenen Rindenstückchen ab.
* Die Gips-Muster verschiedener Rinden sind ein schönes Ausstellungsstück in eurem Waldmuseum.

Der Wald im Schuhkarton

Das braucht ihr dazu:
* leerer Schuhkarton
* dünne Pappe
* Stifte, Schere, Klebstoff
* verschiedene Naturmaterialien wie Moose, Flechten, Zapfen, kleine Zweige, Laub

So wird es gemacht:
* Schneidet in die Seitenflächen des Schuhkartons mehrere Gucklöcher. Ihr könnt auch die schmalen Seiten als klappbare Fenster gestalten.
* Beklebt das Innere des Schuhkartons mit den gesammelten Naturmaterialien.
* Malt verschiedene Baumarten und Waldtiere auf Pappe. Zeichnet unten an eure Figuren kleine Rechtecke als Standflächen.
* Schneidet die Figuren aus und knickt die Rechtecke nach hinten.
* Klebt die gezeichneten Tiere und Bäume an den umgeknickten Rechtecken fest.
* Nun könnt ihr den Wald im Schuhkarton von verschiedenen Seiten betrachten.

Experimente zum Wasserverbrauch von Blättern

Das braucht ihr dazu:
- einen Ast (am Baum!)
- einen abgeschnittenen Zweig mit Blättern
- durchsichtige Plastiktüte
- Bindfaden
- Wasserglas (eventuell mit Mess-Skala)
- Pflanzenöl
- wasserlöslicher Folienstift

So wird es gemacht:
- Bindet eine durchsichtige Plastiktüte um einen Ast.
- Beobachtet. Nach einiger Zeit bilden sich auf der Innenseite der Tüte Wassertropfen. Je nach Temperatur, Größe und Art des Baumes kann ein Baum über 100 Liter Wasser am Tag verdunsten.
- Füllt ein Glas mit Wasser und markiert den Wasserstand mit dem wasserlöslichen Folienstift.
- Gießt etwas Öl dazu. Die Ölschicht verhindert, dass das Wasser verdunsten kann.
- Stellt einen Zweig mit einigen Blättern ins Wasser. Kontrolliert den Wasserstand am nächsten Tag.

Wo ist das verschwundene Wasser geblieben?
Das Wasser wurde durch den Stängel in die Blätter aufgesogen und verdunstete über die Blattoberfläche.

- *Tipp:*
Vergleicht verschiedene Baumarten miteinander. Bei welcher Art verdunstet am meisten, bei welcher Art am wenigsten Wasser?

Wir messen die Temperatur des Waldbodens

Das braucht ihr dazu:
- drei Thermometer

So wird es gemacht:
- Legt an einer sonnigen Stelle im Wald ein Thermometer auf den Waldboden.
- Das zweite Thermometer steckt ihr flach in die oberste Schicht des Bodens.
- Das dritte Thermometer grabt ihr senkrecht in den Waldboden ein, sodass nur noch die Spitze zu sehen ist.
- Vergleicht: Welche Temperaturen zeigen die drei Thermometer nach 15 Minuten an?

Warum halten sich viele kleine Tiere in tieferen Bodenschichten auf?
Hier ist es kühler. Die Tiere können nicht austrocknen.

Beobachtungen am Ameisenhaufen

Das braucht ihr dazu:
- totes Insekt
- Taschentuch
- Glockenblume

Das könnt ihr beobachten:
- Macht in der Nähe eines Ameisenhaufens eine Ameisenstraße ausfindig. Streicht mit dem Finger über ein Stück dieser Straße. Beobachtet. Die Ameisen sind vom fremden Geruch vorübergehend irritiert.
- Legt ein totes Insekt auf den Ameisenhaufen und beobachtet, was passiert.
- Legt ein Taschentuch auf den Ameisenhaufen. Entfernt es nach einigen Minuten wieder und riecht daran.
  Erklärung: Die Ameisen fühlten sich durch das Taschentuch bedroht. Bei Angriff oder Bedrohung verspritzen sie eine scharf duftende Flüssigkeit aus einer Giftdrüse am Hinterleib. Mit dieser Säure werden Beutetiere getötet.
- So könnt ihr beweisen, dass die Ameisensäure tatsächlich eine Säure ist: Legt eine Glockenblume auf den Ameisenhaufen. Beobachtet, wie sich die Farbe der Blume verändert.
  Erklärung: Violette Pflanzenfarbstoffe verfärben sich in saurer Flüssigkeit rot. Deshalb ist die violette Glockenblume nach einiger Zeit an den Stellen, an denen sie mit Ameisensäure bespritzt wurde, rot.
- Im Juli könnt ihr häufig am Ameisenhaufen Ameisen mit Flügeln sehen. Sie befinden sich gerade auf ihrem Hochzeitsflug.

Wir betrachten kleine Lebewesen aus dem Waldboden

Das braucht ihr dazu:

- Lampe (Glühbirne mit höchstens 40 Watt)
- Trichter und großmaschiges Küchensieb, das möglichst genau auf den Trichter passt
- Schuhkarton, Schale, Papiertaschentücher, dunkles Papier, Schere
- Waldbodenprobe
- Becherlupen

So wird es gemacht:

- Kleidet den Schuhkarton mit dunklem Papier aus. Stellt eine Schale mit feuchten Papiertaschentüchern in den Karton und verschließt ihn.
- Schneidet in den Deckel des Kartons ein kleines Loch, durch das die Spitze des Trichters passt.
- Setzt das Küchensieb mit der Waldbodenprobe auf den Trichter.
- Stellt das Ganze nicht zu dicht unter die brennende Lampe.
- Die Bodentiere fliehen vor der Wärme und dem Licht immer tiefer nach unten. Schließlich fallen sie durch das Sieb und den Trichter in die dunkle Schachtel.
- Betrachtet die Tiere unter der Becherlupe und lasst sie wieder frei.

Der Wald im Glas

Das braucht ihr dazu:

- großes Glas oder altes Aquarium
- Kies, Holzkohle, Torferde
- Sprühflasche
- kleine Moospolster, Farne

So wird es gemacht:

- Füllt zunächst Kies in den Behälter.
- Streut Holzkohle darüber, um Schimmel zu verhindern.
- Bringt darüber eine dicke Schicht Torferde an. Drückt sie fest.
- Grabt kleine Löcher in die Erde und setzt Farnpflanzen ein.
- Für die Moospolster macht ihr kleine Mulden in den Boden.
- Gießt die Erde.
- Stellt das Glas an einen hellen Platz, aber nicht an die direkte Sonne.
- Besprüht die Erde regelmäßig mit Wasser.
- Entfernt abgestorbene Blätter und Sprosse.

Das könnt ihr beobachten:

- Braune Pünktchen am Moos: Das sind Sporenkapseln an kurzen Stielen.
- Dunkle Sporenhäufchen auf der Blattunterseite der Farne.
  Erklärung: Moose und Farne vermehren sich durch Sporen.

Ein Wald-Terrarium

Das braucht ihr dazu:
- leeres Aquarium
- altes Laub, Erde, Holz- und Rindenstückchen, Zapfen, Ästchen, kleine Steine
- flacher, kleiner Teller mit Wasser
- Abdeckung für das Aquarium (beispielsweise Korkplatte)
- einige kleine Waldtiere wie Asseln, Hundertfüßler, Spinne oder Laufkäfer
- Sprühflasche

So wird es gemacht:
- Bedeckt den Boden des Behälters mit Erde.
- Streut auf eine Seite altes Laub, Rinden- und Holzstückchen.
- Legt auf die andere Seite Zapfen und Steine. Grabt den Teller mit Wasser bis zum Rand ein.
- Bringt abgestorbene Ästchen an, auf denen die Tiere herumklettern können.
- Sprüht Wasser ins Aquarium, damit dort ein feuchtes Waldklima entsteht.
- Setzt die Waldtierchen vorsichtig in den Behälter und deckt ihn ab.
- Denkt daran: Einige Tiere (z.B. eine Spinne) müsst ihr regelmäßig mit Futter versorgen.
- Beobachtet die Tiere. Lasst sie nach einigen Tagen wieder an der Stelle frei, an der ihr sie gefangen habt.

DIE NATUR ALS KÜNSTLERIN

Ich entdecke was

Heute gehe ich mal aus,
tret fast auf ein Schneckenhaus,

seh ein Blatt mit Spitzen dran,
einen Tannenzapfenmann,

und wenn ich durch Gräser geh
eine klitzekleine Fee.

Eine Feder find ich auch,
einen Wurm mit dickem Bauch,

schimmernd buntes Scherbenglas
– finden tu ich immer was.

Heidemarie Brosche

(Aus: *Heidemarie Brosche.* Mein fröhliches Kinderjahr. Feste und Bräuche gemeinsam erleben. © 2001 by Edition Bücherbär im Arena Verlag GmbH, Würzburg)

Ausgehend von diesem Gedicht überlegen die Kinder, was sie aus leeren Schneckenhäusern, Blättern, Zapfen, Gräsern, Federn oder sogar Müll wie den bunten Scherben gestalten könnten. Das Gedicht motiviert auch, gemeinsam auf einem Naturspaziergang diverse Fundstücke zu sammeln. Die folgenden Anleitungskarten regen die Kinder dazu an, alleine oder in Gruppen kleine Kunstwerke aus den gesammelten Naturmaterialien zu gestalten.

Bilder aus Blättern, Gräsern und Blumen

Das braucht ihr dazu:
- gepresste Gräser, Blumen und Blätter
- kleine Rindenstückchen, leere Schneckenhäuser, Zapfenschuppen ...
- dünner Karton, Käseschachteln, flache Pralinenschachteln
- Borstenpinsel, dicker Nagel, Tapetenkleister, Gipsmasse

So wird es gemacht:
Möglichkeit 1:
- Streicht mit dem Borstenpinsel den Leim auf den Karton. Legt dann die gepressten Pflanzen und anderen Fundstücke darauf. Lasst alles gut trocknen, bevor ihr das Bild aufhängt.

- *Tipp 1:*
Ihr könnt aus farbigem Tonpapier einen Rahmen ausschneiden, den ihr um euer Kunstwerk klebt.

- *Tipp 2:*
Ihr könnt auch Lesezeichen mit gepressten Blumen bekleben. Schützt das fertige Lesezeichen mit durchsichtiger, selbst klebender Folie.

Möglichkeit 2:
- Rührt die Gipsmasse an und füllt sie in die leeren, flachen Schachteln.
- Bevor die Masse fest wird, drückt ihr die gepressten Pflanzen und anderen Naturmaterialien vorsichtig in die Gipsmasse.
- Bohrt mit dem Nagel ein Loch durch den weichen Gips, damit ihr euer Bild später aufhängen könnt.
- Erst wenn die Gipsmasse völlig trocken ist, kippt ihr das Bild aus der Schachtel.

- *Tipp:*
Wenn ihr kein Loch zum Aufhängen des Bildes in die feuchte Gipsmasse bohren wollt, könnt ihr auch später hinten auf das Bild einen Aufhänger kleben.

Steinmäuse

Das braucht ihr dazu:
- einige längliche Steine
- Wolle, Lederreste oder Filz
- Pinsel, Wasserfarben, Filzstifte, Schere
- Klarlack, Klebstoff

So wird es gemacht:
- Malt die Steine mit den Wasserfarben an.
- Sobald die Farbe trocken ist, zeichnet ihr mit den Filzstiften Mäuse-
  gesichter auf die Steine.
- Schneidet aus dem Leder oder dem Filz Mäuseohren aus und klebt
  sie auf die Steine.
- Klebt die Barthaare und den Schwanz aus Wolle an.
- Besprüht eure Mäuse zum Schluss mit Klarlack.

Trolle, Feen und andere Fantasiegestalten

Das braucht ihr dazu:
- verschieden große Zapfen (von Fichte, Kiefer und Erle)
- Gräser, Moos, Blüten, Blätter, Rindenstückchen ...
- Bindedraht, Zahnstocher, Knetmasse (Plastilin)
- Schere, Klebstoff

So wird es gemacht:
- Überlegt euch, welche Gestalt ihr basteln wollt.
- Für den Körper der Fantasiewesen könnt ihr verschieden große Zap-
  fen verwenden.
- Hände, Füße, Augen, Mund und Nase lassen sich aus Plastilin for-
  men.
- Schmückt eure Figuren fantasievoll mit den gesammelten Naturma-
  terialien (Kopfschmuck, Kleid ...).

- *Tipp:*
Bildet zwei Gruppen. Jede Gruppe versteckt ihre Fantasiewesen in
einem vorher vereinbarten Gebiet (z. B. mit Schnüren kennzeichnen).
Anschließend sucht jede Gruppe die gebastelten Figuren der anderen
Gruppe in einer vorher festgelegten Zeit.

Dazu passt gut folgendes Lied:

Im dunklen Wald die Trolle suchen

Textrechte: Rolf Krenzer
Musik: Ludger Edelkötter

Im dunklen Wald, wo die Fichten stehn,
zwischen Farn, Wacholder und Stein,
dort kannst du manchmal die Trolle sehn.
Doch musst du recht leise sein.

Weitab vom Weg bis hinab zum Bach
haben sie sich manchmal versteckt.
Wer Trolle sucht, sieht behutsam nach,
damit er sie nicht erschreckt.

Wenn du was hörst, bleibe ruhig stehn,
atme leis und warte darauf.
Denn manchmal lassen sich Trolle sehn.
Drum halte die Augen auf!

(Aus: *Rolf Krenzer u. Ludger Edelkötter,* So schön ist es im Sommer. KiMu Kinder Musik
Verlag GmbH, 42555 Velbert)

Wir legen Mandalas

Das braucht ihr dazu:
- Blüten von häufig vorkommenden Wiesenblumen (zum Beispiel Löwenzahn)
- Gräser, Blätter
- schöne Steine ...

So wird es gemacht:
- Sucht euch für das Mandala einen Platz aus, an dem ihr es einige Tage liegen lassen könnt.
- Ihr könnt das Mandala direkt auf den Boden oder auf ein Tuch legen.
- Beginnt mit dem Legen in der Mitte.
- Arbeitet von innen nach außen in Kreisform.
- Denkt daran, dass sich eure Muster spiegelbildlich wiederholen.

- *Tipp 1:*

Gestaltet mit Naturmaterialien aus dem Wald (verschiedene Zapfen, Federn, Blättern ...) ein Waldmandala.

- *Tipp 2:*

Wenn das Mandala etwas dauerhafter sein soll, könnt ihr es nach dem Legen auf einem Karton festkleben.

Pflanzen-Frottage

Das braucht ihr dazu:
- verschiedene Gräser, Blätter und Farne
- Wachsmalkreiden oder Buntstifte
- weißes Papier

So wird es gemacht:
- Legt das Papier auf die Pflanzen.
- Reibt mit den Stiften über das Papier.

- *Tipp:*

Legt euch eine Sammlung solcher „Rubbel-Bilder" an.
Ihr könnt besonders gelungene Bilder ausschneiden und auf Glückwunsch- oder Grußkarten kleben.

Weben mit Naturmaterial

Das braucht ihr dazu:
- vier gleich lange und gleich dicke Äste
- feste Schnur
- Gräser, Blätter, Blüten, Rindenstücke, Federn, dünne Zweige ...

So wird es gemacht:
- Legt die vier Äste zu einem Viereck. Bindet die Ecken dieses Rahmens fest mit der Schnur zusammen.
- Knüpft in regelmäßigen Abständen Schnüre in den Rahmen (siehe Skizze 1).
- Webt mit dem gesammelten Material ein Bild. Dazu müsst ihr das Material abwechselnd über und unter die gespannten Schnüre legen. In der nächsten Reihe geht ihr entgegengesetzt vor (siehe Skizze 2).

Skizze 1

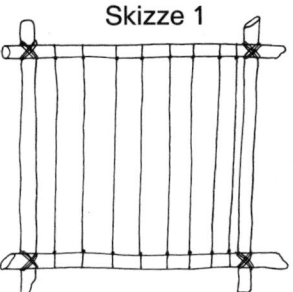

Skizze 2

Der grüne Drache

Das braucht ihr dazu:
- kleine verschieden grüne Pflanzenteile
- Karton und Tapetenkleister

So wird es gemacht:
- Schneidet von verschiedenen grünen Pflanzen kleine Teile ab.
- Zeichnet auf den Karton den Umriss eines Drachens auf.
- Klebt die verschieden grünen Pflanzenteile in den Umriss.

- *Tipp:*
- Sammelt in der Natur verschiedene Farbtöne.
- Sortiert die Farbtöne.
- Klebt mit den bunten Pflanzenteilen ein Bild (zum Beispiel einen Schmetterling).

Wir malen mit Erd- und Pflanzenfarben

Das braucht ihr dazu:
- verschieden farbige, feine Erde
- Pflanzen oder Pflanzenreste, Blüten, Blätter, Beeren
- etwas Vogelsand
- Schale und Mörser
- Tapetenkleister
- leere Marmeladengläser mit Schraubdeckel

So wird es gemacht:
- Sortiert die Pflanzen nach Farben.
- Gebt etwas Vogelsand zu den Pflanzen und zerreibt sie mit dem Mörser.
- Füllt die zerriebenen Pflanzen und die Erde nach Farbtönen getrennt in die Gläser. Rührt Tapetenkleister an und mischt ihn mit dem Inhalt der Gläser.
- Wenn ihr die Gläser gut verschließt, halten eure Pflanzen- und Erdfarben mehrere Wochen.

Fensterbild „Baum"

Das braucht ihr dazu:
- vier gleich dicke und gleich lange Ästchen
- einige dünne, kahle Zweige
- gepresste Blätter und Blüten
- Schnur, Blumendraht, Klebstoff, Schere

So wird es gemacht:
- Legt die vier Äste zu einem Viereck. Bindet die Ecken dieses Rahmens fest mit einer Schnur zusammen.
- Bindet die kahlen Zweige mit dem Blumendraht zu einem Baum zusammen. Befestigt den Baum mit dem Draht am Rahmen.
- Klebt die gepressten Blätter und Blüten am Baum fest.

- Tipp:
Schmückt den Rahmen mit kleinen Steinchen, leeren Schneckenhäusern oder etwas Moos.

SPIELE IN DER NATUR

Bei den folgenden Spielen können die Kinder lustbetont Geschicklichkeit, Reaktionsvermögen, Konzentrationsfähigkeit und Gedächtnis erproben.

Schneckenjagd

Es werden zwei Gruppen gebildet. Die Kinder einer Gruppe stellen die Schnecken dar und liegen auf dem Bauch im Gras. Ihnen werden die Augen verbunden. Die Kinder der anderen Gruppe erhalten Wäscheklammern. In einer vorher vereinbarten Zeit schleichen sie sich an und versuchen den „Schnecken" Wäscheklammern anzuheften. Gelingt dies, gilt die „Schnecke" als gefangen. Bemerkt eine „Schnecke" ein sich anpirschendes Kind, kauert sie sich zusammen und darf nicht mehr gefangen werden. Nach Spielende wird gezählt, wie viele „Schnecken" gefangen wurden. Anschließend wechseln die Gruppen.

Fang die Maus

Ein Kind spielt zunächst die Katze, während alle anderen Kinder die Mäuse sind. Letztere erhalten ein Seil, das am Hosenbund fest gesteckt wird und auf dem Boden schleift. Sobald es der „Katze" gelingt, mit dem Fuß auf eines der Seile zu treten, ist dieses Kind eine neue Katze. Sieger ist die Maus, die zuletzt erwischt wird.

Schatzkiste

Das Spiel wird auf einer Wiese, in der Nähe einer Hecke oder im Wald gespielt. Die Kinder werden in zwei Gruppen eingeteilt. Für jede Gruppe wurde eine Schatzkiste vorbereitet, eine Schachtel mit mehreren leeren Joghurtbechern. Jeder Becher wurde mit einer anderen Eigenschaft beschriftet (z.B. weich, hart, stachelig, glatt, klebrig, rau, behaart usw.). In einer vorher vereinbarten Zeit sammeln die Kinder jeder Gruppe um die Wette passende Fundstücke zu den vorgegebenen Eigenschaften. Nach Spielende werden die zutreffenden „Schätze" jeder Gruppe gezählt.

Wer bin ich?

Die Kinder bilden zwei Gruppen. Die eine Gruppe steht im Kreis. Diesen Kindern werden mit Wäscheklammern Prospekthüllen auf den Rücken geheftet. In jede Hülle wird die Abbildung einer Pflanze gesteckt, die den Kindern aus dem Unterricht bekannt ist. Die Kinder fragen nun die Mitspieler aus der zweiten Gruppe: „Wer bin ich?" Die befragten Kinder beschreiben die Pflanze, ohne den Namen zu nennen. Sobald die Pflanze richtig benannt wurde, wird die Prospekthülle abgenommen. Die „erlöste" Pflanze hilft anderen Kindern beim Beschreiben noch nicht erratener Pflanzen.

Dieses Spiel lässt sich auch mit Tier- und Pflanzenbildern (z. B. aus alten Kalendern) durchführen.

Da stimmt was nicht

Jeder Gruppe wird ein mit Schnüren abgegrenztes Gebiet zugeteilt. Dort wird eine vorher vereinbarte Zahl (z. B. fünf bis acht) von Gegenständen verteilt, die nicht in dieses Gebiet passen (z. B. Kastanie an der Heckenrose, falsche Blätter an Bäumen oder Sträuchern, Löwenzahnblüte am Holunderstrauch, Ostereier, Plastiktüte usw.). In einer festgelegten Zeit versucht jede Gruppe, die unpassenden Gegenstände im Revier einer anderen Gruppe zu finden.

Tastpfad

Zwischen Bäumen im Wald wird ein Seil gespannt. Dabei wird darauf geachtet, dass sich die Bodenart verändert (z. B. Moos, Laub, Erde usw.). Die Kinder halten sich am Seil fest und gehen barfuß und mit geschlossenen Augen diesen Tastpfad entlang.

Oder: Ein Kind schließt die Augen und wird barfuß von seinem Partner langsam geführt.

Bäume erkennen

Die Kinder bilden Zweiergruppen. Jeweils einem Kind werden die Augen verbunden. Das andere Kind führt es zu einem Baum. Das Kind mit den verbundenen Augen ertastet den ausgewählten Baum und wird wieder an den Ausgangsplatz zurückgeführt. Nun nimmt das Kind die Augenbinde ab und versucht, den vorher ertasteten Baum wieder zu erkennen.

Waldmemory

Der Spielleiter hat vorher im Wald 10 oder 15 Objekte (z. B. verschiedene Zapfen, Stein, Moos, Flechte, Farn, Müll usw.) gesammelt und unter einer Decke versteckt. Die Kinder versammeln sich im Kreis um die Decke. Sie betrachten die Gegenstände 30 Sekunden lang. Dann werden die Objekte wieder zugedeckt. Jeder Mitspieler notiert in einer vorgegebenen Zeit möglichst viele der gesehenen Dinge.

Zapfenlauf

Die Zapfen einer bestimmten Baumart werden auf Kochlöffel gelegt. Die Kinder legen damit wie beim Eierlauf eine bestimmte Strecke zurück. Wer seinen Zapfen vorzeitig verliert, muss erneut beim Start beginnen.

Zapfenhüpfen

Die Kinder klemmen sich Fichtenzapfen zwischen die Füße und legen hüpfend eine vereinbarte Strecke zurück.

Balancieren auf Baumstämmen

Jedes Kind balanciert mit einem Zapfen auf dem Kopf über einen Baumstamm. Wer den Zapfen verliert, muss nochmals beginnen. Die benötigte Zeit wird gestoppt.

Zapfenwurfspiel

In verschiedenen Abständen werden leere Körbe aufgestellt. Jeder Korb wird mit einer bestimmten Punktzahl beschriftet. Von einem festgelegten Platz aus werfen die Kinder in die aufgestellten Körbe Fichtenzapfen. Die erreichte Punktzahl wird entweder für jedes Kind einzeln oder für jede Gruppe ermittelt.

Zapfen treffen

Jeder Mitspieler erhält eine gleiche Anzahl von Fichtenzapfen. Von einer markierten Stelle aus wirft der erste Spieler einen Zapfen. Der nächste Spieler versucht, diesen Zapfen von der gleichen Stelle aus mit einem seiner Zapfen zu treffen. Gelingt ihm das, gehören ihm beide Zapfen. Ansonsten muss er seinen geworfenen Zapfen liegen lassen. Liegt während des Spieles einmal kein Zapfen mehr auf dem Spielfeld, so muss der nächste Spieler einen seiner Zapfen auswerfen. Gewinner ist, wer am Schluss oder z.B. nach zehn Minuten die meisten Zapfen besitzt.

Kletten-Zielwurf

In einem Heckengebiet werden Kletten gesammelt. Eine einfache Zielscheibe (am besten aus Filz) wird an einem Baum befestigt. Von einer markierten Stelle aus versuchen die Kinder mit den Kletten ins Ziel zu treffen.

Hör-Memory

Die Kinder sammeln in undurchsichtigen, verschließbaren Dosen diverse Naturmaterialien (z.B. Sand, trockenes Laub, kleine Zapfen, Steine usw.). Jeweils zwei Dosen werden mit dem gleichen Material in der gleichen Menge gefüllt. Anschließend werden die Dosen durcheinander aufgestellt. Die Kinder finden durch Schütteln heraus, welche Dosen mit dem gleichen Material gefüllt sind. Erst, wenn ein Spieler alle Dosenpaare gefunden hat, werden die Dosen geöffnet. Zusätzlich kann vor dem Öffnen der Dosen auch der Inhalt erraten werden.

Kamerateam

Jeweils zwei Kinder bilden ein Kamerateam. Bevor sich das Team auf Motiv-suche macht, wird die Zahl der Bilder vereinbart. Außerdem werden Zeichen für die Betätigung des Auslösers der Kamera (z. B. kurzes Berühren der Nasen-spitze) und das Ende der Belichtungszeit (z. B. Berühren des Ohres) ausge-macht. Ein Kind spielt die Kamera und lässt sich mit geschlossenen Augen von seinem Partner an besondere Stellen in der Umgebung führen. Immer, wenn das Kind ein Bild machen möchte, betätigt es den Auslöser des geführten Kin-des (z. B. durch Berühren der Nasenspitze). Daraufhin öffnet das „Kamera-Kind" die Augen. Nach etwa fünf Sekunden (leises Zählen) wird die Belich-tungszeit beendet (z. B. durch Berühren des Ohres) und das „Kamera-Kind" schließt wieder die Augen. Bevor die Partnergruppe die Rollen wechselt, erfolgt zwischen beiden Kindern eine kurze Aussprache über die gesehenen Bilder.

4. Wasser – das Element des Sommers

ERFAHRUNGSRAUM WASSER

Wasser
Im Wasser kann
ich schwimmen, baden.
Es trägt Schiffe, voll beladen.
Wasser, das ist: Bach und Meer,
eine Wolke, regenschwer,
Pfütze, zugefrorner See,
Dunst und Nebel, Eis und Schnee.
Sanft und wild, verschmutzt und rein –
Alles das kann Wasser sein.

Wolf Harranth

(Aus: „Spielen und Lernen" – Jahrbuch für Kinder 1992. Zitiert nach: Mein Bilderbuch von Erde, Wasser, Luft und Feuer. Ravensburger Buchverlag Otto Maier GmbH Ravensburg)

Anregungen zum Gedicht „Wasser"

- In einem Brainstorming sammeln die Kinder Begriffe, die ihnen zum Wort „Wasser" einfallen und schreiben in Gruppen ihre Wörter auf einen blauen Bogen Papier.
- Die Kinder malen auf ein Papier in Form eines Wassertropfens etwas zum Thema Wasser (Verbrauch, Nutzung, Gefahr, Freizeit, Verschmutzung usw.). Die Wasserbilder werden entweder auf ein Plakat geklebt oder an einem großen Holzreif befestigt.
- Die Kinder schreiben Wasser-Elfchen (vgl. KV 32, S. 128), nachdem sie sich mit dem Bauplan eines Elfchens vertraut gemacht haben (vgl. S. 15).

Wasser

_____ _____

_____ _____ _____

Ich _____ _____ _____

_____

Unser Wasserbuch

Die Kinder sammeln Material und gestalten ein Klassenbuch zum Thema Wasser. Inhalt: Gedichte, Geschichten, Rätsel, Lieder, aktuelle Zeitungsartikel, Beschreibungen von durchgeführten Experimenten und Spielen, Zeichnungen der Kinder, Bilder aus Zeitschriften und Fotos.

Wassermusik

- Die Kinder hören das Musikstück „Die Moldau" von Smetana. Dazu lassen sie entweder die Pinsel auf großformatigem Papier „tanzen" oder zeichnen Bilder zum Lauf der Moldau.
- Die Kinder erzeugen verschiedene Wassergeräusche und nehmen sie mit einem Kassettenrekorder auf. Die Hörbeispiele dienen als Rätsel.
- Die Kinder füllen Flaschen und Gläser in unterschiedlicher Höhe mit Wasser. Sie schlagen mit einem Löffel oder einem Metallstab gegen die Gefäße. Sie sortieren die Flaschen und Gefäße nach der Höhe der Töne und versuchen, die Melodie eines einfachen Liedes zu spielen.

Bildbetrachtung: Wasserbilder von Monet

Der bekannte Impressionist Claude Monet hat viele Bilder zum Thema Wasser gemalt. Die Kinder betrachten ausgewählte Bilder und versuchen diese nachzugestalten. Zu Monets Seerosenteichen basteln sie Seerosen aus Pappe und Papier und lassen sie in einer großen Wanne oder auf einem nahen Teich schwimmen.

Möglichkeiten zum Basteln der Seerosen:
- Ein Pappteller wird grün bemalt. Zwei quadratische Papierstücke in Rosa und Weiß oder Gelb und Weiß werden, wie in der Skizze gezeigt, gefaltet und ineinander geschoben. Die Blüte wird auf den Pappteller gesetzt. Die Kinder stellen in die Mitte der Blüte ein Teelicht, um das Leuchten der Seerosenblüten auf Monets Bildern zu verdeutlichen.

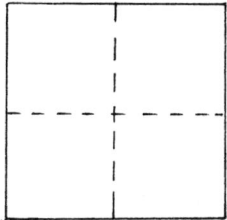 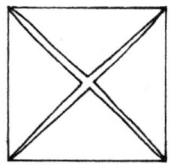 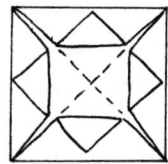

- Ein quadratisches Stück Papier wird auf beiden Seiten mit wasserfesten Wachsmalkreiden angemalt und wie auf der Skizze gefaltet. Bevor die Seerose auf das Wasser gelegt wird, werden die Ecken nochmals fest nach innen gedrückt. Die Kinder können dann das Öffnen der Blüte auf dem Wasser im Zeitlupentempo beobachten.

Auf das Innere der Blüte kann zuvor auch eine liebe Nachricht geschrieben werden, die beim Öffnen der Blüte zum Vorschein kommt.

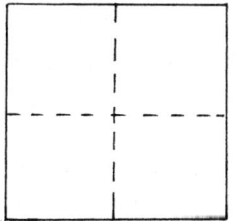 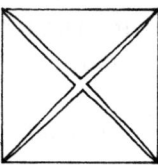

Wir gestalten eine Wasserlandschaft

Die Kinder suchen auf dem Schulhof oder im Schulgarten einen Platz, an dem sie eine größere Wasserlandschaft bauen können. Anschließend sammeln sie

Naturmaterialien wie Steine, Äste, Blätter und Rinden. Aus Steinen, Sand und Erde bilden sie Inseln und gestalten sie mit den übrigen Materialien. Weitere Anregungen zum Basteln:

Korken → wilde Piraten, tapfere Seeleute oder schöne Prinzessinnen
alte Papprollen → Schloss oder Versteck der Piraten
Korken und Rinden → Floße und Boote

Spiele zum Thema „Wasser"

Korken fischen

In einer großen, mit Wasser gefüllten Wanne schwimmen Korken. Jeder Mitspieler kniet sich vor die Wanne und legt die Hände auf den Rücken. Neben jedem Kind steht eine kleine Schüssel. Auf ein Startzeichen hin versucht jeder Spieler mit dem Mund möglichst viele Korken aus der großen Wanne zu schnappen und sie in seiner kleinen Schüssel zu sammeln. Wer die meisten Korken erbeutet hat, ist Fischerkönig.

Fische fangen

Die Kinder zeichnen auf Pappe große Fische, malen sie bunt an und schneiden sie aus. Sie binden das Ende einer Schnur an eine große Büroklammer und befestigen die Büroklammer am Kopf des Fisches. Das andere Ende der Schnur binden sie an eine Sicherheitsnadel. Die Sicherheitsnadel wird so am Rücken des Kindes angebracht, dass der Pappfisch am Boden aufliegt. Für das Spiel wird ein Spielfeld markiert.

- Variante 1: Jeder Spieler versucht, die anderen Fische zu fangen, indem er auf die „fremden" Pappfische tritt. Die Hände dürfen nicht benützt werden. Wer seinen eigenen Fisch verliert, ist ausgeschieden.
- Variante 2: Jeder Spieler versucht, möglichst viele Fische zu fangen (vgl. Variante 1). Wer seinen Fisch verliert, spielt jedoch weiter. Sieger ist, wer die meisten Fische erwischt hat.
- Variante 3: Auf dem Spielfeld sind neben den Kindern mit Pappfischen auch zwei bis drei Fischer ohne Fische. Die Fischer versuchen in einer vorgegebenen Zeit möglichst viele Fische zu fangen, ohne die Hände zu benützen.
- Variante 4: Drei Fischer sitzen in einem aufgezeichneten oder mit Bändern ausgelegten Kreis, der ein Boot darstellt. Immer nur ein Fischer geht zum Fischfang und verlässt den Kreis. Sobald er ermüdet, kehrt er mit seiner Beute in den Kreis zurück und tippt einen anderen Fischer an, der das Boot verlässt. Gespielt wird mit Zeitbegrenzung. Beim Wiederholen des Spiels lassen sich die erfolgreichsten Fischer ermitteln.

Frösche auf dem Teich

Zu Spielbeginn werden so viele Teppichfliesen ausgelegt wie Kinder mitspielen. Die Fliesen stellen die Seerosenblätter eines Teiches dar. Die Kinder „schwimmen" als Frösche zwischen den Seerosen herum, so lange sie Musik hören. Sobald die Musik unterbrochen wird, rettet sich jeder Frosch auf je eine Seerose (Fliese). Der Spielleiter nimmt immer wieder eine Teppichfliese weg. Kinder, die keine Seerose mehr finden, sind ausgeschieden.

- Variante 1: Es retten sich möglichst viele Frösche auf **eine** Seerose.
- Variante 2: Die Teppichfliesen werden so ausgelegt, dass die Kinder sie mit einem Sprung erreichen können. Die Kinder hüpfen von Fliese zu Fliese, so lange sie Musik hören. Der Spielleiter entfernt immer wieder eine Fliese. Frösche, die bei Musikunterbrechung keine Seerose finden, scheiden aus.

Anregungen zum Experimentiertisch „Wasser"

Folgende Handlungskarten regen die Kinder zum Bauen und Experimentieren an.

Themen:

- Wir bauen eine Wasserlupe
- Was schwimmt, was sinkt?
- Wir basteln ein U-Boot
- Flüssigkeiten sinken, steigen und vermischen sich

Materialkiste zum Experimentiertisch:

- Pappe
- Klarsichtfolie
- eine Wanne
- mehrere Gegenstände aus verschiedenen Materialien (z. B. Büroklammer, Nagel, Schlüssel, Korken, Bleistift, Holzwürfel, Glasscherbe, Teller, Plastiklöffel, Papier)
- Knetmasse
- mehrere Murmeln
- Kappe eines alten Filzstiftes oder Tintenrollers
- Draht
- Trinkglas
- Plastikflasche mit Schraubverschluss
- Teelöffel
- Wasser
- Salatöl
- Tinte
- Klebstoff, Bleistift, Lineal, Schere

Wir bauen eine Wasserlupe

Das braucht ihr dazu:
- Pappe
- ein Stück Klarsichtfolie
- Bleistift
- Lineal
- Schere
- Klebstoff

So wird es gemacht:
- Zeichnet mit dem Bleistift die Form einer Lupe auf die Pappe. Das Loch in der Mitte sollte ungefähr einen Durchmesser von fünf Zentimetern haben.
- Klebt das Stück Klarsichtfolie über das Loch.
- Gebt mit dem hinteren Ende des Bleistifts einen Wassertropfen auf die Folie.
- Betrachtet einen Text mit eurer Lupe.

Was schwimmt, was sinkt?

Das braucht ihr dazu:
- eine Wanne voll Wasser
- mehrere Gegenstände aus verschiedenen Materialien (z. B. Büroklammer, Nagel, Schlüssel, Korken, Bleistift, Holzwürfel, Glasscherbe, Teller, Plastiklöffel, Papier)
- Knetmasse
- mehrere Murmeln

So wird es gemacht:
- Legt zuerst die verschiedenen Gegenstände auf das Wasser. Beobachtet, was geschieht. Welche Gegenstände schwimmen? Welche Gegenstände sinken langsam oder schnell zu Boden?
  Haltet eure Beobachtungen in einer Tabelle fest.

Gegenstand	schwimmt	sinkt langsam	sinkt schnell

- Werft die Murmeln ins Wasser. Beobachtet, was passiert.
- Formt aus der Knetmasse eine Kugel und werft sie ins Wasser. Beobachtet, was passiert.
- Holt die Murmeln und die Knetmasse wieder aus dem Wasser. Formt aus der Knetmasse eine Schale und legt sie auf das Wasser. Beobachtet.
- Legt jetzt nacheinander die Murmeln in die Schale aus Knetmasse. Beobachtet.

Erklärung:
Es ist nicht nur vom Gewicht eines Gegenstandes abhängig, ob er schwimmt oder sinkt. Die Schale aus Knetmasse schwimmt, weil sie mehr Platz braucht als die Kugel aus Knetmasse. Sie verdrängt also mehr Wasser von seinem Platz. Deshalb schwimmen auch Schiffe. Wenn ihr die Schale aus Knetmasse mit Murmeln beladet, sinkt sie etwas tiefer, schwimmt aber weiter. Erst wenn ihr die Schale mit Murmeln überladet, beginnt sie zu sinken. Nun wisst ihr, warum für jedes Schiff ein zulässiges Ladegewicht vorgeschrieben ist.

Wir basteln ein U-Boot

Das braucht ihr dazu:
- Kappe eines alten Filzstiftes oder Tintenrollers
- etwas Knetmasse
- Draht
- Trinkglas
- Plastikflasche mit Schraubverschluss

So wird es gemacht:
- Befestigt an der Kappe des Stiftes ein Stück Draht.
- Formt ein Stück Knetmasse zu einer kleinen Kugel.
  Steckt die Kugel an den Draht.
- Füllt das Trinkglas mit Wasser und stellt euer U-Boot aus Stiftkappe und Knetmasse ins Glas. Das U-Boot muss so im Wasser schweben, dass nur noch die Spitze der Kappe aus dem Wasser ragt. Falls euer U-Boot auf den Boden sinkt, müsst ihr die Kugel aus Knetmasse verkleinern.
- Füllt die Plastikflasche fast mit Wasser voll, gebt das U-Boot hinein und verschließt die Flasche.
- Drückt die Flasche seitlich zusammen. Das U-Boot sinkt.
  Lasst die Flasche wieder los. Das U-Boot steigt.

Erklärung:
Das U-Boot schwimmt im Trinkglas und in der Flasche, weil sich in der Kappe Luft sammelt. Diese Luft macht das U-Boot leichter. Wenn ihr die Plastikflasche zusammendrückt, dringt Wasser in die Kappe ein und drückt die Luft in der Kappe zusammen. Das U-Boot wird schwerer und sinkt zu Boden. Sobald ihr die Flasche wieder loslasst, weicht das Wasser aus der Kappe. Die Luft in der Kappe dehnt sich wieder aus. Das U-Boot wird leichter und steigt nach oben.

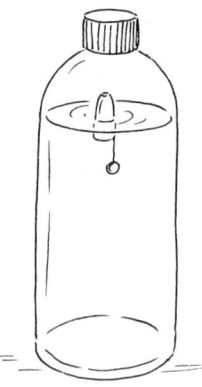

Flüssigkeiten sinken, steigen und vermischen sich

Das braucht ihr dazu:
- Trinkglas
- Teelöffel
- Wasser
- Salatöl
- Tinte

So wird es gemacht:
- Füllt das Glas mit der gleichen Menge Wasser und Salatöl. Rührt die Flüssigkeiten mit dem Teelöffel um.
- Lasst das Glas mit den beiden Flüssigkeiten eine Weile stehen. Beobachtet.
- Sobald sich die Flüssigkeiten getrennt haben, gebt ihr vorsichtig einen Tropfen Tinte ins Glas. Der Tropfen schwimmt in der Öl-schicht. Vermischt er sich mit dem Öl?
- Stoßt mit dem Löffel den Tintentropfen in die Wasserschicht hinunter.
  Was passiert jetzt mit der Tinte?

Ergebnis:
1. Flüssigkeiten wie Wasser und Öl sind unterschiedlich schwer, weil die Flüssigkeitsteilchen (Moleküle) unterschiedlich schwer sind. Deshalb sinkt das schwere Wasser nach unten, während sich das leichte Öl oben sammelt.
2. Nicht alle Flüssigkeiten lassen sich mischen. Während sich Wasser und Tinte sofort vermischen, trennen sich Wasser und Öl.

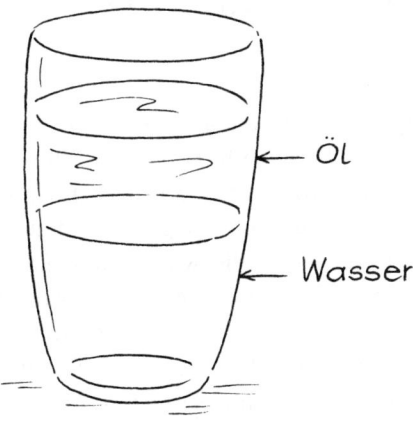

←— Öl

←— Wasser

LEBENSRAUM FÜR TIERE UND PFLANZEN

Lebensgemeinschaft am Teich

Nachdem die Kinder wichtige Pflanzen und Tiere am und im Teich kennen gelernt haben, basteln sie einen Kranz, der die Lebensgemeinschaft am Teich darstellt. Dazu binden sie einen großen Kranz aus Weidenzweigen. Man kann auch einen großen Holzreif aus der Sporthalle verwenden. Am Kranz werden ringsum wellenförmig geschnittenes Krepppapier in Blau-Grün-Tönen und Schilf befestigt. Bilder von Tieren des Teiches werden aus Bestimmungsbüchern, Zeitschriften u. Ä. gesammelt und eventuell vergrößert. Die Kinder malen die Tierbilder an und kleben sie auf einen dünnen Karton. Je nach Lebensraum am, im oder auf dem Teich werden die Tierbilder höher oder tiefer am Kranz befestigt.

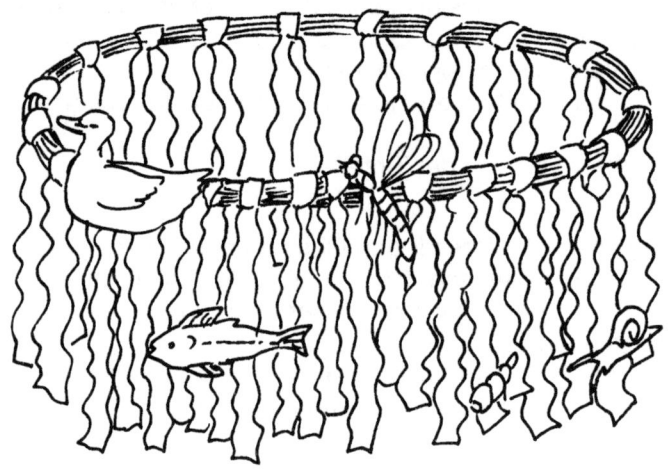

Leuchtende Prachtfische

Die Kinder zeichnen auf Kartonpapier Umrisse von Fischen auf. Der Fischkörper wird wie auf der Skizze so herausgeschnitten, dass nur noch ein Rahmen übrig bleibt. Den Fischkopf versehen die Kinder mit Augen und Mund. Aus buntem Glanz- oder Transparentpapier werden wellenförmige Streifen geschnitten. Dann bestreichen die Kinder den Rahmen des Fischkörpers mit Klebstoff und kleben die bunten Streifen etwas überlappend fest. Zum Schluss werden aus den überstehenden Papierenden die Flossen ausgeschnitten. Das restliche Papier wird sauber abgeschnitten. Die Fische werden am Fenster aufgehängt. Zusätzlich können für das Aquarium am Fenster Steine, Wasserpflanzen oder kleinere Wassertiere aus Tonpapier ausgeschnitten werden.

Bunte Steinfische

Die Kinder sammeln flache Kieselsteine und reinigen sie gründlich. Sie bemalen die trockenen Steine mit Wasser- oder Plakafarben und schützen sie nach dem Trocknen der Farben evtl. mit Klarlack. Großformatige Papierbogen (evtl. Tapetenrolle) werden in wässrigen Blau-Grün-Tönen mit Schwämmen oder breiten Borstenpinseln eingefärbt und nach dem Trocknen mit Tapetenkleister auf Pappe geklebt. Der untere Rand, der den Meeresboden darstellt, wird nochmals mit Tapetenkleister eingestrichen. Darauf streuen die Kinder Vogelsand und kleben einige grüne Zweige, dünne Äste oder Wasserpflanzen aus Papier auf. Dann kleben sie leere Schneckenhäuser und Muscheln auf den Meeresboden und verteilen die bunten Steinfische.

- *Tipp 1:* Die Steinfische werden nicht fixiert und lassen sich auf dem Bodenbild immer wieder neu anordnen.
- Tipp 2: Werden die Steinfische mit Klebstoff fixiert, entsteht ein großes Wandbild.

Umweltmobile zum natürlichen Gleichgewicht am Teich

Die Lehrerin zeigt den Kindern Bilder von einem Teich, einem Storch, einer Ringelnatter, einem Frosch und von Insekten. Gemeinsam werden die Nahrungszusammenhänge (Wer frisst wen?) zwischen den Tieren geklärt. Die Lehrerin entfernt das Bild des Teiches. Die Kinder vermuten, wie sich das Verschwinden des Teiches auf die Tiere auswirkt. Anschließend werden die Bilder der Kopiervorlage (KV 33, S. 138) vergrößert auf Karton kopiert, ausgeschnitten und auf beiden Seiten bemalt. Die Kinder befestigen Fäden an den Figuren und hängen sie an den Enden dünner Zweige auf. Die Zweige werden zu einem Mobile verbunden. Entfernt man jetzt eine Figur, so gerät das Mobile aus dem Gleichgewicht. Die Kinder erkennen, dass durch das Fehlen eines Tieres in der Nahrungskette oder durch die Verschmutzung von Gewässern die Natur aus dem Gleichgewicht gerät.

Wir bauen einen Miniteich im Schulgarten

Das braucht ihr dazu:

- Eimer oder große Schüssel
- Schaufel
- Regenwasser oder Teichwasser
- Steine
- grober Sand
- einige Grünpflanzen
- einige Wasser- und Schwimmpflanzen

So wird es gemacht:
- Sucht eine sonnige Stelle in eurem Schulgarten. Grabt dort ein Loch, in das der Eimer oder die Schüssel passt.
- Stellt das Gefäß in das Loch. Der Rand des Gefäßes muss ebenerdig abschließen. Pflanzt rund um das Gefäß die Grünpflanzen ein. Legt auch einige Steine rund um euren Miniteich.
- Streut auf den Boden des Gefäßes eine Sandschicht. Legt einige Kieselsteine dazu, unter denen sich kleine Tiere verstecken können.
- Füllt das Gefäß mit Regen- oder Teichwasser. Pflanzt die Wasserpflanzen ein und legt ein paar Schwimmpflanzen auf den kleinen Teich.

Beobachtungen:
In den nächsten Wochen werden vor allem Insekten wie Libellen von eurem Miniteich angelockt. Viele Insekten legen ihre Eier im Wasser ab und leben zunächst als Larven im Wasser, bevor sie als fertige Insekten an Land gehen. Beobachtet regelmäßig. Entnehmt eurem Teich gelegentlich Wasserproben. Betrachtet sie unter dem Mikroskop. Schreibt auf, was ihr beobachtet habt.

Ein Aquarium im Klassenzimmer

Solltet ihr keinen Platz im Schulhof für einen Miniteich haben, könnt ihr auch in eurem Klassenzimmer ein Aquarium ausstatten. Wählt für das Aquarium einen hellen Platz ohne direkte Sonneneinstrahlung. Richtet einen Pflegedienst ein, der sich regelmäßig um das Aquarium kümmert. Falls ihr Fische im Aquarium haltet, vergesst nicht, sie zu füttern. Besprecht, wer sich in Ferienzeiten um das Aquarium kümmert.

Das braucht ihr dazu:

- Aquarium
- grober Aquariumssand
- einige Steine
- Wasserpflanzen
- Teichwasser
- kleine Schaufel
- evtl. Fische

So wird es gemacht:
- Spült den Sand ab und schüttet ihn auf den Boden des Aquariums.
- Verteilt die Steine auf dem Sand. Baut aus den Steinen auch kleine Höhlen, in die sich die Wasserbewohner zurückziehen können.
- Gießt langsam das Teichwasser ins Aquarium.
- Pflanzt die Wasserpflanzen in den Sand ein.

Beobachtungen:
Mit dem Teichwasser habt ihr euch bereits kleine Wasserlebewesen wie Wasserflöhe oder Schnecken ins Aquarium geholt. Wie bewegen sich diese Tiere? Was fressen die Schnecken? Beobachtet regelmäßig.

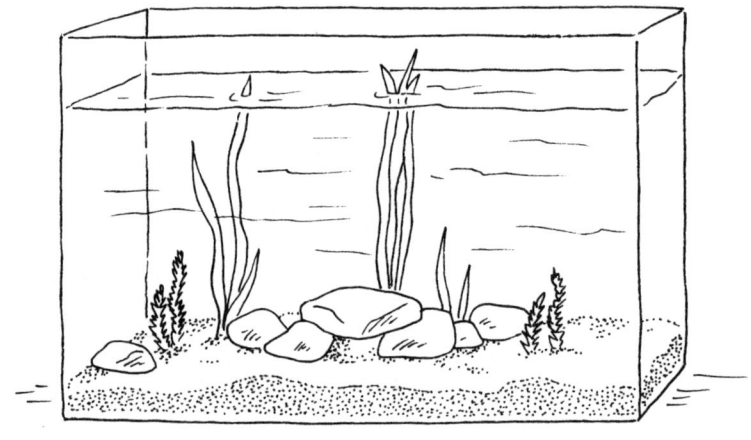

Grünes Wasser

Das braucht ihr dazu:
- drei Gläser
- Leitungswasser, Regenwasser und Teichwasser
- etwas flüssiger Pflanzendünger

So wird es gemacht:
- Füllt in jedes Glas eine andere Art von Wasser. Vergleicht. Überlegt, warum das Teichwasser im Gegensatz zum Leitungswasser leicht grünlich gefärbt ist.
- Gebt in jedes Glas einen Tropfen Flüssigdünger.
- Stellt die drei Gläser an einen sonnigen Platz.
- Vergleicht regelmäßig die Wasserfärbung der drei Wasserarten. Überlegt, was geschehen ist. Betrachtet das grünlich gefärbte Wasser auch unter dem Mikroskop.

Erklärung:
Im Gegensatz zum Leitungswasser leben im Teichwasser viele winzige Pflanzen, die Algen. Sonne und Dünger bewirken, dass sich die Algen rasch vermehren. Das Wasser färbt sich bereits nach kurzer Zeit grün. Wasser, das nur wenige oder keine Algen enthält, bleibt viel länger klar.

Dem Wasserläufer auf der Spur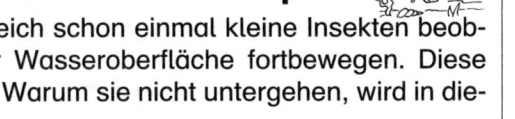

Bestimmt habt ihr auf einem Teich schon einmal kleine Insekten beobachtet, die sich rasch auf der Wasseroberfläche fortbewegen. Diese Insekten heißen Wasserläufer. Warum sie nicht untergehen, wird in diesem einfachen Experiment klar.

Das braucht ihr dazu:
- kleine Schüssel mit Wasser (Die Schüssel muss völlig frei von Spülmittel sein)
- Nadel
- Pinzette

So wird es gemacht:
- Klemmt die Nadel in die Pinzette ein.
- Geht mit der Nadel ganz nah an das Wasser heran. Die Nadel liegt dabei parallel zur Wasseroberfläche.
- Lasst die Nadel ganz nahe über der Wasseroberfläche vorsichtig los.

Beobachtung: Wenn eure Hand ruhig genug war, schwimmt die Nadel auf der Wasseroberfläche. Wasser hat nämlich eine Haut, die allerdings sehr leicht zerstört werden kann. Kleine Insekten wie die Wasserläufer sind leicht genug, um auf dieser Wasserhaut gehen zu können.

Wir bauen eine Unterwasserröhre

Von der Wasseroberfläche aus könnt ihr meist nicht weit in die Tiefe eines Gewässers blicken. Mit dieser Röhre gelingt es euch leicht, vom Ufer aus bis zum Grund des Gewässers zu schauen.

Das braucht ihr dazu:

* eine leere Blechdose
* ein Stück durchsichtige Folie
* ein Stück Schnur oder Gummiringe
* Dosenöffner

So wird es gemacht:
* Entfernt mit dem Dosenöffner den Boden der Dose.
* Legt die Folie so über die Öffnung, dass rundherum ein breiter Streifen über die Öffnung hinausragt.
* Befestigt die gespannte Folie mit der Schnur oder den Gummiringen.
* Wenn ihr die Unterwasserröhre ins Wasser eintaucht, wölbt sich die Folie etwas nach innen. Dadurch seht ihr alles klar und ein bisschen vergrößert.

* *Tipp:*
Nehmt eure Unterwasserröhre zu einer Expedition an den Teich mit.

Wir erforschen den Lebensraum Teich

Das braucht ihr dazu:

- Klemmbrett mit Stift:
  Klemmt das Papier mit zwei Wäscheklammern auf einer dünnen Sperrholzplatte oder einem festen Karton fest. Befestigt an der Schreibunterlage eine Schnur und bindet an ihr euren Stift an.
- mehrere Küchensiebe
- feines Fangnetz aus einer alten Feinstrumpfhose:
  Formt einen stabilen Draht zu einem Kreis. Schneidet das Bein einer Feinstrumpfhose ab und näht es am Drahtkreis fest. Befestigt das Fangnetz mit einem Stück Draht an einem langen Holzstab.
- einige Becherlupen
- Fotoapparat
- Kassettenrekorder und eine Leerkassette
- mehrere Behälter mit Deckel zum Transport kleiner Lebewesen (z. B. Frischhaltedosen oder saubere Gläser mit Schraubverschluss)
- weiche Pinsel und Wattestäbchen
- Pipette
- Mikroskop
- Bestimmungsbücher

So erforscht ihr den Lebensraum Teich:

- Bestimmt die Namen der Pflanzen mit Bestimmungsbüchern.
  Schreibt auf, wo ihr welche Pflanzen gesehen habt. Ihr könnt die Pflanzen auch fotografieren oder abzeichnen.
- Nehmt mit eurem Kassettenrekorder Tiergeräusche am Teich auf. Dazu müsst ihr besonders leise sein.
- Größere Tiere wie Wasserläufer oder Teichschnecken setzt ihr vorsichtig mit den Pinseln oder Wattestäbchen in die Becherlupen. Betrachtet sie genau. Versucht, mit den Bestimmungsbüchern die Namen der Tiere herauszufinden. Zeichnet die Tiere möglichst genau ab und lasst sie danach wieder frei.
- Wenn ihr in der Schule kleinere Tiere (z. B. Wasserflöhe) unter dem Mikroskop betrachten wollt, transportiert sie in Behältern mit Teichwasser. Gebt sie dann zusammen mit wenig Teichwasser in kleine Gefäße und fischt sie mit einem Wattestäbchen oder einer Pipette aus dem Wasser. Setzt die Tierchen mit einem Wassertropfen unter das Mikroskop.
  Bringt nachher alle Lebewesen wieder zu einem Teich zurück.

- *Tipp 1:*
  Legt mit euren Zeichnungen und Fotos ein Klassen-Teichbuch an. Schreibt dazu, wann und wo ihr die Pflanzen und Tiere gesehen habt.
- *Tipp 2:*
  Besucht den Teich zu verschiedenen Jahreszeiten. Was verändert sich am Teich?

143

WASSERKREISLAUF

Bildlich lässt sich der Wasserkreislauf mit einer Lernscheibe (vgl. KV 34) darstellen. Die Vorgänge des Verdunstens und Versickerns des Wassers verstehen die Kinder am besten, wenn sie Versuche durchführen können.

Lernscheibe „Wasserkreislauf"

Die beiden Scheiben werden durch eine Prospektklammer miteinander verbunden.

Lernscheibe Wasserkreislauf

KV 34.1

Lernscheibe „Wasserkreislauf"

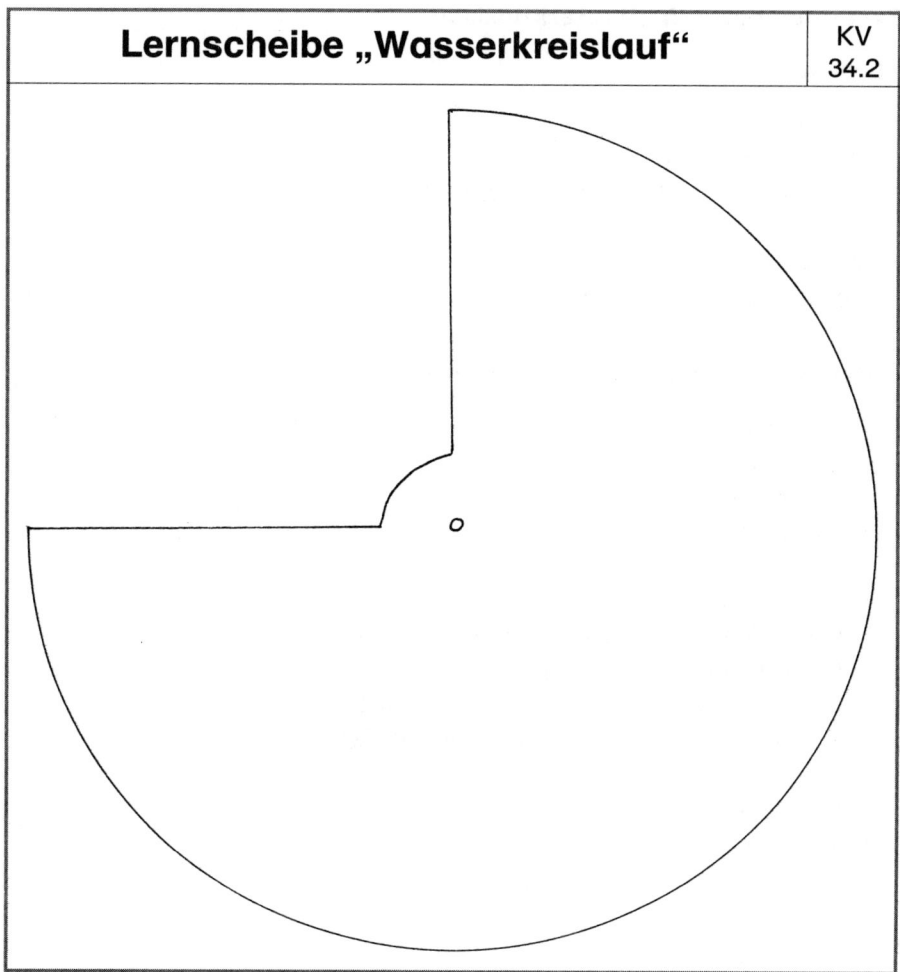

Experimentiertisch „Wasserkreislauf"

Themen

- Wasser verdunstet
- Wasser versickert
- Wir filtern Wasser: Unsere kleine Kläranlage
- Wie entsteht Grundwasser?
- Wie entsteht eine Quelle?
- Der Wasserkreislauf im Kleinen

Materialkiste zum Experimentiertisch:

- Stövchen
- Teelicht
- Feuerzeug
- Blechdeckel
- mehrere Teelöffel
- Marmeladenglas
- vier gleich große Blumentöpfe mit Untersetzer
- durchsichtiger Plastikbecher
- durchsichtiger Plastikbecher mit drei Löchern
- großes Glas (mindestens drei Liter) mit Verschluss
- Schüssel
- Küchensieb
- Kaffeefilter
- Holzspieß
- Zwirn
- Salz
- Zucker
- kleine Pflanze, die langsam wächst
- Gartenerde
- Blumenerde
- Kies
- Sand
- Lehm (Ton)
- grob zerkleinerte Holzkohle
- Teichwasser
- Leitungswasser
- destilliertes Wasser

Kann Wasser verschwinden?

Das braucht ihr dazu:
- Stövchen
- Teelicht
- Feuerzeug
- Blechdeckel
- Teelöffel
- etwas Wasser

So wird es gemacht:
- Zündet das Teelicht an und stellt es in das Stövchen.
- Gebt etwas Wasser auf den Blechdeckel und stellt ihn auf das Stövchen.
- Beobachtet, was geschieht.
- Haltet nach einigen Minuten einen kalten Teelöffel direkt über das Wasser.
  Achtung: Der Löffel darf das Wasser nicht berühren.
- Beobachtet, was geschieht.
- Nehmt nach einigen Minuten den Löffel weg. Lasst ihn abkühlen. Was stellt ihr fest?

Erklärung:
Winzige, für das Auge nicht sichtbare Wasserteilchen „springen" weg und verteilen sich als Wasserdampf in der Luft. Im Experiment ist Wasser verdampft.
In der Natur „verschwinden" die Wasserteilchen in der Luft viel langsamer. Man sagt: Das Wasser verdunstet.
Sobald sich die Luft abkühlt (kalter Löffel), drängen sich die Wasserteilchen des Dampfes dicht zusammen. Sie verdichten sich an einem Gegenstand wieder zu kleinen Wassertröpfchen. Der Wasserdampf verwandelt sich wieder in Wasser. Das Verdichten des Wassers nennt man Kondensieren.
In der Natur steigt der Wasserdampf in höhere Luftschichten. Weil es dort kühler ist, drängen sich die Wasserteilchen des Dampfes dicht zusammen und es entstehen Wolken. An kleinen Schmutz- und Staubteilchen verdichten sich die Wasserteilchen wieder zu Wassertröpfchen und kondensieren. Ist die Wolke schließlich zu schwer, regnet es.

Warum schmeckt der Löffel nach Salz?

Das braucht ihr dazu:

- Stövchen
- Teelicht
- Feuerzeug
- Blechdeckel
- zwei Teelöffel
- Marmeladenglas
- Wasser
- drei Teelöffel Salz

So wird es gemacht:
- Zündet das Teelicht an und stellt es in das Stövchen.
- Füllt das Marmeladenglas halbvoll mit Wasser.
- Gebt drei Teelöffel Salz ins Wasser und rührt um.
- Gebt etwas Salzwasser auf den Blechdeckel und stellt ihn auf das Stövchen.
- Beobachtet, was geschieht.
- Haltet nach einigen Minuten einen kalten Teelöffel direkt über das Wasser.
  Achtung: Der Löffel darf das Wasser nicht berühren.
- Beobachtet, was geschieht.
- Nehmt nach einigen Minuten den Löffel weg. Lasst den Löffel abkühlen.
- Wonach schmeckt der Löffel?
  Was bleibt nach langem Erhitzen im Deckel übrig?

Wenn ihr den Versuch *„Kann Wasser verschwinden?"* durchgeführt habt, könnt ihr die Vorgänge bestimmt erklären.

Wir stellen Zuckerkristalle her

Das braucht ihr dazu:
- Marmeladenglas mit warmem Wasser
- Zwirn
- Holzspieß
- Zucker

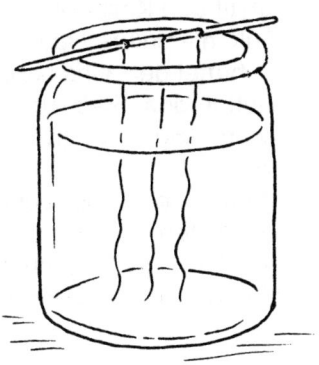

So wird es gemacht:
- Löst so viel Zucker wie möglich im warmen Wasser auf.
- Bindet einige Zwirnsfäden an den Holzspieß.
- Hängt die Zwirnsfäden ins Wasser.
- Lasst das Wasser einige Tage stehen.

Was ist passiert?
- Das Wasser ist verdunstet.
- An den Zwirnsfäden haben sich Zuckerkristalle gebildet.

Wasser versickert

Das braucht ihr dazu:
- vier gleich große Blumentöpfe
- vier Untersetzer
- Gartenerde
- Kies
- Sand
- Lehm (Ton)
- Wasser

So wird es gemacht:
- Stellt die Blumentöpfe auf die Untersetzer.
- Füllt jeden Blumentopf mit einer anderen Bodenart.
- Gießt gleichzeitig die gleiche Wassermenge über jede Bodenart.
- Was beobachtet ihr?

Wir bauen eine kleine Kläranlage

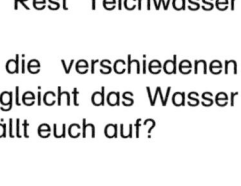

Das braucht ihr dazu:
- Blumentopf
- Schüssel
- Kaffeefilter
- Küchensieb
- sauberer Sand
- Kies
- schmutziges Teichwasser

So wird es gemacht:
- Stellt den Blumentopf in die Schüssel.
- Stellt den Kaffeefilter in den leeren Blumentopf.
- Füllt die untere Hälfte des Kaffeefilters mit Sand auf.
- Schüttet den Kies darüber.
- Haltet das Sieb über den Blumentopf und gießt langsam das schmutzige Teichwasser hinein. Lasst einen Rest Teichwasser übrig.
- Wartet, bis das schmutzige Wasser durch die verschiedenen Schichten des Blumentopfes gesickert ist. Vergleicht das Wasser mit dem ursprünglichen Schmutzwasser. Was fällt euch auf?
- Wiederholt den Versuch einige Male.

Wie entsteht Grundwasser?

Das braucht ihr dazu:
- durchsichtiger Plastikbecher
- Gartenerde
- Kies
- Sand
- Lehm (Ton)
- Wasser

So wird es gemacht:
- Füllt in den Plastikbecher zuerst eine Schicht Lehm.
- Gebt eine Schicht Kies, dann eine Schicht Sand und zum Schluss eine Schicht Erde darüber.
- Gießt Wasser über die Erde.
- Beobachtet. Wo bildet sich das Grundwasser?
- Wenn ihr den Versuch *„Wasser versickert"* durchgeführt habt, könnt ihr die Vorgänge erklären.

Wie entsteht eine Quelle?

Das braucht ihr dazu:

- durchsichtiger Plastikbecher mit drei Löchern
  (untereinander, siehe Abbildung)
- Gartenerde
- Kies
- Lehm (Ton)
- Schüssel
- Wasser

So wird es gemacht:
- Stellt den Plastikbecher in die Schüssel.
- Füllt zuerst Lehm, dann Kies und zum Schluss Erde in den Plastik-becher.
  Achtung: Jede Bodenschicht endet mit einem Loch.
- Gießt langsam Wasser auf die Erde.
- Beobachtet. In welcher Bodenschicht entspringt die Quelle?
  Wenn ihr den Versuch *„Wie entsteht Grundwasser?"* durchgeführt habt, könnt ihr die Vorgänge erklären.

Der Wasserkreislauf im Kleinen

Das braucht ihr dazu:
- großes Glas (mindestens drei Liter) mit Verschluss
- grob zerkleinerte Holzkohle
- Blumenerde
- kleine Pflanze, die langsam wächst
- destilliertes Wasser

So wird es gemacht:
- Verteilt auf dem Boden des Glases Holzkohle gegen Schimmelpilze.
- Streut die Blumenerde darüber. Holzkohle und Erde füllen etwa ein Viertel des Glases.
- Macht in der Mitte eine Vertiefung und setzt dort die kleine Pflanze ein.
- Gießt vorsichtig mit destilliertem Wasser. Normales Leitungswasser ist nicht sauber genug.
- Verschließt das Glas.
- Stellt das Glas an einen hellen Platz, aber nicht direkt in die Sonne. Sonst wird es im Glas zu heiß.
- Jetzt dürft ihr das Glas nicht mehr öffnen. Beobachtet regelmäßig.

Erklärung:
Der Wasserkreislauf im Glas beginnt. Die Pflanze saugt Wasser aus der Erde. Die Blätter „atmen" das Wasser aus. Das Wasser verdunstet. Die Luft im Glas wird feucht und gibt ihr Wasser an die Erde ab. Die Pflanze saugt das Wasser wieder auf ...
Natürlich gibt es im Glas keine Wolken und keinen Regen. Aber manchmal rinnt ein bisschen Wasser an den Glaswänden herunter.

BADEREGELN

Nach der Einstimmung mit dem Lied „Hey, hey, ho, jetzt ziehn wir los" und nach dem Erarbeiten der Baderegeln werden diese auf Bademotive aus Pappe (vgl. KV 35) geklebt. Die Bademotive werden entweder zu einem Mobile verbunden oder an einem Schwimmreifen befestigt und im Klassenzimmer aufgehängt.

Hey, hey, ho, jetzt ziehn wir los

Text: Rolf Krenzer/Melodie: Detlev Jöcker

1. Hey, hey, ho, jetzt ziehn wir los zu dem klei-nen See
ganz in uns - rer Näh, wo man schwim - men kann,
wie die Fi-sche dann. Und der Spaß ist rie - sen - groß.

2. Hey, hey, ho,
   Wir ziehen dann,
   weil das jeder kann,
   Badehosen an.
   Dazu obendrein
   cremen wir uns ein,
   und dann fängt es richtig an.

3. Hey, hey, ho,
   jetzt rennen wir
   übern heißen Sand
   bis zum kleinen Strand.
   Mit dem großen Zeh
   in den kühlen See,
   denn jetzt sind wir endlich hier!

4. Hey, hey, ho,
   jetzt gehen wir
   schnell ins Wasser rein.
   Nichts kann schöner sein!
   Und die kühle Flut,
   tut uns allen gut.
   Drum gefällt es uns auch hier.

5. Hey, hey, ho,
   ja, das macht Spaß!
   Wer schon schwimmen kann,
   zeigt's den andern dann.
   Einer taucht sogar.
   Das ist wirklich wahr!
   Und spritzt alle anderen nass.

(Aus: Buch, CD und MC: Lieber Frühling, lieber Sommer. Alle Rechte im Menschenkinder Verlag. 48157 Münster)

Bademotive vergrößern und mehrmals kopieren

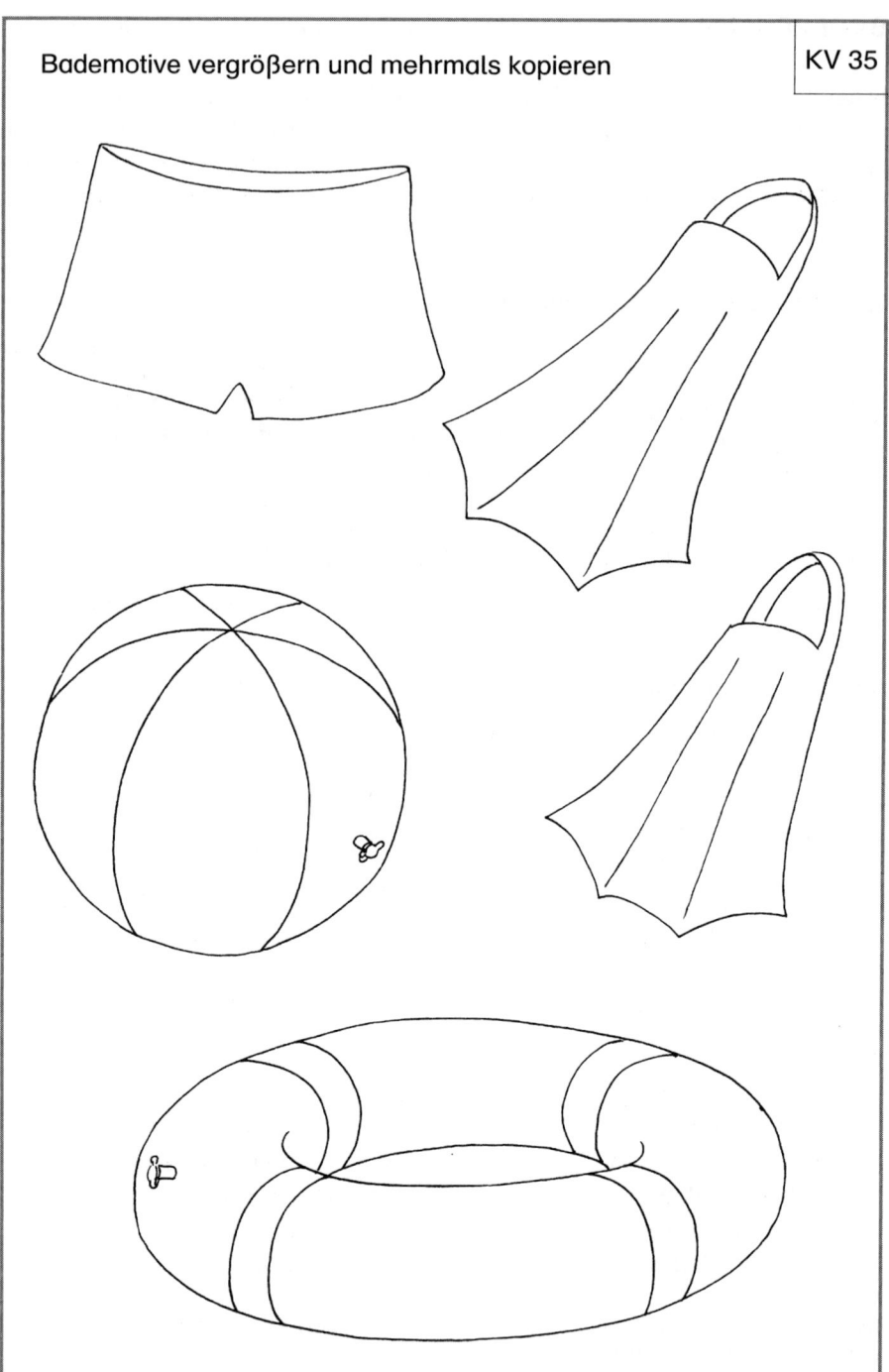

Die Baderegeln werden mit den Kindern erarbeitet und auf die Bademotive (vgl. KV 35) geklebt. Baderegeln, die der eigenen Sicherheit dienen, werden grün eingerahmt, Regeln für die Sicherheit Anderer rot.

Gehe nicht sofort nach dem Essen ins Wasser. Warte mindestens eine halbe Stunde.	Gewöhne deinen Körper langsam an das kalte Wasser. Mach zuerst deine Arme und Beine nass.	Halte das Wasser sauber. Verlasse das Wasser, wenn du auf die Toilette musst.
Trockne dich nach dem Baden gründlich ab. Zieh dir trockene Sachen an.	Springe niemals ins Wasser, wenn du nicht weißt, wie tief es ist.	Behindere niemanden, wenn du ins Wasser springen willst.
Schwimme nie zu weit ins tiefe Wasser hinaus. Du brauchst auch noch Kraft für den Rückweg.	Benütze keine Luftmatratze, wenn du nicht schwimmen kannst.	Du willst eine lange Strecke schwimmen oder tauchen. Dann bitte vorher jemanden, dich dabei zu beobachten.
Meide Uferbereiche mit Wasserpflanzen. Die Pflanzen könnten dich beim Schwimmen behindern.	Schwimme nie zu dicht an Sprungbretter heran.	Schwimme nie in die Nähe von Wasserfahrzeugen.
Halte dich nur im flachen Wasser oder im Nichtschwimmerbecken auf, wenn du noch nicht schwimmen kannst.	Bewege dich rücksichtsvoll im Wasser. Vermeide unnötiges Spritzen. Schneide im Wasser niemandem den Weg ab.	Beachte die Vorschriftstafeln im Schwimmbad. Befolge unbedingt die Anweisungen des Bademeisters.

● *Tipp:*
Die Kinder können die Baderegeln auch bildlich darstellen. Aus den Karten mit den Baderegeln und den dazugehörigen Bildkarten stellen die Kinder ein Karten- oder Memoryspiel her.

Würfelspiel: 1, 2, 3, Wasser frei!

Mit diesem Spiel lassen sich die Baderegeln erarbeiten oder vertiefen.

Vorbereitung des Spiels:

Von den 50 Feldern des Spielplanes werden die 15 Ereignisfelder rot angemalt.

Spielregeln:
- Würfelt reihum. Wer eine Sechs würfelt, verlässt das Startfeld.
- Kommst du auf ein rotes Feld, liest du das Ereignis zu dieser Zahl vor und versuchst, die Frage zu beantworten. Deine Mitspieler kontrollieren deine Antwort mit der Lösungskarte.
- Hast du die Frage richtig beantwortet, darfst du noch einmal würfeln. Ansonsten musst du einmal aussetzen.
- Das Floß am Ziel kannst du nur betreten, wenn du eine passende Zahl würfelst.

Ereignisfelder

3
Du hast gerade eine Bratwurstsemmel gegessen und eine Limo getrunken. Da kommt dein Freund und will mit dir gleich ins Wasser gehen. Was tust du?

5
Als Timo ins Schwimmbad kommt, ist ihm sehr heiß. Am liebsten möchte er gleich ins Wasser springen. Was sagst du dazu?

9
Du bist erst seit zehn Minuten im Wasser. Plötzlich merkst du, dass du unbedingt auf die Toilette musst. Was tust du?

11
Jana kommt gerade aus dem Wasser. Sie läuft sofort zum Kiosk, um sich ein Eis zu kaufen. Was hat sie vergessen?

14
Lukas ist im Urlaub an einem großen Badesee. Nachdem er schon eine Weile im Wasser war, möchte er unbedingt von einem Felsen aus ins Wasser springen. Warum hält ihn sein Freund davon ab?

19

Julia macht es großen Spaß, ins Wasser zu springen. Auf einmal beschwert sich Sinan, der im Wasser gerade das Rückenschwimmen übt. Was muss Julia beachten?

20

Bastian will einmal den ganzen See überqueren. Was muss er beachten?

23

Annika kann noch nicht richtig schwimmen. Deshalb nimmt sie die Luftmatratze mit ins tiefe Wasser. Was sagst du dazu?

28

Du willst das Streckentauchen für ein Schwimmabzeichen üben. Was musst du vorher dabei bedenken?

30

Du schwimmst in einem Badesee. Da siehst du ein Ufer, das dicht von Pflanzen bewachsen ist. Du möchtest dort ein Tier beobachten und schwimmst zum Ufer. Warum ist das leichtsinnig?

33

Ina sieht ihre Freunde am Sprungbrett. Weil sie mit ihnen reden will, schwimmt sie ganz nahe an die Sprungbretter heran. Würdest du das auch machen? Warum nicht?

34

Mitten auf dem See sind Surfer und Segler. Fabian möchte sich das aus der Nähe ansehen und schwimmt hin. Würdest du das auch machen? Warum?

37

Kevin kann noch nicht sicher schwimmen. Aber seine Freunde gehen heute alle ins Schwimmerbecken. Was soll er tun?

40

Tina ärgert sich über einige Kinder im Schwimmbecken. Was könnte sie stören?

45

Tom springt von der Seite ins Schwimmerbecken. Da ermahnt ihn der Bademeister: „Hast du das Schild nicht gesehen? Das Springen von der Seite ist verboten." Tom meint nur: „Aber ich habe doch aufgepasst, dass ich niemanden behindere, wenn ich ins Wasser springe." Was meinst du dazu?

Lösungskarte

3 Ich warte erst noch eine halbe Stunde, bevor ich ins Wasser gehe.
5 Timo muss sich langsam abkühlen. Er sollte erst seine Arme und Beine an das kalte Wasser gewöhnen.
9 Ich verlasse das Wasser und gehe auf die Toilette.
11 Jana muss sich erst gründlich abtrocknen. Gut ist es, wenn sie sich außerdem trockene Sachen anzieht.
14 Lukas weiß nicht, wie tief das Wasser an dieser Stelle ist. Deshalb ist es sehr gefährlich.
19 Julia darf niemanden behindern, wenn sie ins Wasser springen will.
20 Bastian sollte nicht zu weit ins tiefe Wasser schwimmen. Er braucht noch Kraft für den Rückweg. Am besten bittet er jemanden, ihn während des Schwimmens zu beobachten.
23 Die Luftmatratze ist keine Schwimmhilfe für einen Nichtschwimmer. Annika macht etwas sehr Gefährliches.
28 Ich bitte jemanden, mich beim Tauchen zu beobachten.
30 Die Wasserpflanzen können mich umschlingen und beim Schwimmen stark behindern. Deshalb meide ich solche Uferbereiche.
33 Ich würde nicht so nahe an die Sprungbretter schwimmen. Die Springer könnten mich leicht übersehen.
34 Nein. Das ist zu gefährlich. Die Wassersportler auf ihren Wasserfahrzeugen übersehen mich leicht und können nicht rechtzeitig ausweichen.

37
Kevin muss auf jeden Fall ins Nichtschwimmerbecken gehen. Sicher trifft er dort auch Kinder, die er kennt.

40
Die Kinder spritzen vielleicht sehr herum oder schneiden Tina beim Schwimmen den Weg ab. Das behindert Tina sehr. Deshalb ärgert sie sich.

45
Die Vorschriftstafeln im Schwimmbad und die Anweisungen des Bademeisters sind auf jeden Fall zu beachten.

WIR BAUEN EINFACHE WASSERFAHRZEUGE

Aus Materialien wie Pappe, Safttüten, Korken und Rinde bauen die Kinder nach den Anleitungskarten fantasievolle Wasserfahrzeuge, z. B.:
- ein Boot aus Safttüten
- ein Piratenschiff aus Rinden
- einen auf Korken schwimmenden Wal aus Pappe
- ein Seeungeheuer aus Korken oder Plastik-Überraschungseiern

Dazu gestalten sie eine Wasserlandschaft und denken sich spannende und lustige Seeabenteuer aus.

Materialkiste zum Bau der Wasserfahrzeuge:

- Wein- und Sektkorken
- größere Rindenstücke
- leere Milchtüten (sauber ausgespült)
- Papprollen
- kleine Schachteln
- Papier
- dünne Pappe
- Watte
- dünne Schnur
- Zahnstocher
- Schaschlikspieße
- Schrauben
- Buntstifte, Bleistift
- wasserfeste Wachsmalkreiden
- Plakafarben
- Klarlack
- Klebstoff
- Handbohrer
- Pinsel
- Schere
- Nadel
- Küchenmesser
- Küchenbrett als Unterlage
- evtl. Wattekugeln, Pfeifenputzer, Knetmasse

Segelschiffe aus Korken

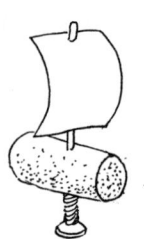

Das braucht ihr dazu:
- einige Korken
- Papier
- Zahnstocher
- Schrauben
- Malstifte
- Handbohrer
- Schere
- Nadel

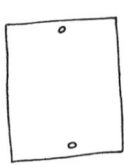 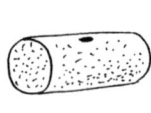

So wird es gemacht:
- Schneidet aus dem Papier ein Rechteck als Segel aus. Bemalt es.
- Stecht mit einer Nadel am oberen und unteren Rand der schmaleren Seite des Rechtecks ein Loch. Schiebt den Zahnstocher durch die Löcher, sodass das Papier einen Bogen bildet.
- Bohrt mit dem Handbohrer ein kleines Loch in die Mitte des Korkens.
- Steckt den Zahnstocher mit der Spitze in dieses Loch.
- Dreht eine Schraube in die Unterseite des Korkens ein. So kann euer Schiff nicht umfallen.

Piratenschiffe aus Rindenstücken

Das braucht ihr dazu:
- größere Rindenstücke
- Papier
- Zahnstocher
- Nadel
- Handbohrer
- Malstifte
- Schere

So wird es gemacht:
- Schneidet aus dem Papier zwei Quadrate aus und bemalt sie mit Totenköpfen.
- Stecht mit der Nadel jeweils am oberen und unteren Rand der Segel ein Loch hinein. Schiebt durch jedes Segel einen Zahnstocher.
- Bohrt mit dem Handbohrer zwei Löcher in die Baumrinde. Steckt die Zahnstocher mit der Spitze in diese Löcher.
- *Tipp:*
Schneidet mit dem Taschenmesser das Rindenstück an den Enden spitz zu. Ein breites Schiff kentert nicht so leicht. Lasst euch von einem Erwachsenen helfen.

Ein Dampfer aus einer Milchtüte

Das braucht ihr dazu:
- leere Milchtüte
- Papprolle
- etwas Watte
- kleine Schachteln
- Plakafarben
- Klarlack
- Pinsel
- Klebstoff
- Schere
- evtl. Korken, Wattekugeln, Pfeifenputzer und Knetmasse

So wird es gemacht:
- Schneidet von der leeren Milchtüte eine lange Seite und die Spitze heraus.
- Spült die Milchtüte sehr gut aus und lasst sie trocknen.
- Bemalt die Milchtüte mit Bullaugen und Rettungsringen. Sprüht die Tüte nach dem Trocknen der Farben mit Klarlack ein. Arbeitet erst weiter, wenn der Lack trocken ist.
- Stellt die Papprolle in das Schiff. Sie wird der Schornstein.
  Vielleicht müsst ihr die Papprolle noch etwas kürzen. Klebt die Rolle etwa in der Mitte des Schiffes fest.
- Steckt die Watte als Rauch in den Schornstein.
- Baut aus den kleinen Schachteln die Kapitänsbrücke. Klebt sie vor dem Schornstein fest.

- *Tipp 1:*
Beladet den Dampfer mit kleinen Schätzen wie Süßigkeiten oder schönen Steinen.
- *Tipp 2:*
Bastelt aus Pfeifenputzern und etwas Knetmasse Passagiere.
Ihr könnt auch lustige Seeleute aus Korken und kleinen Wattekugeln basteln. Klebt dazu eine Wattekugel auf einen Korken. Bemalt das Männchen bunt. Vielleicht bastelt ihr dem kleinen Seemann noch eine Matrosenkappe oder einen Piratenhut aus Papier.

Ein Floß aus Korken

Das braucht ihr dazu:
- Weinkorken
- Schaschlikspieß
- Papier
- Buntstifte
- Schere
- Nadel
- Handbohrer
- Klebstoff

So wird es gemacht:
- Klebt die Korken in mehreren Reihen zu einem Rechteck zusammen. Lasst das Floß gut trocknen.
- Schneidet aus dem Papier ein Quadrat aus und bemalt es bunt als Segel.
- Bohrt mit der Nadel am unteren und oberen Rand des Segels ein Loch hinein.
- Schiebt den Schaschlikspieß durch die Löcher.
- An die Spitze des Mastes könnt ihr noch ein kleines Fähnchen kleben.
- Bohrt mit den Handbohrer vorsichtig ein kleines Loch in die Mitte des Floßes aus Korken. Steckt den Schaschlikspieß mit der Spitze in das Loch.

Allerlei Schwimmtiere aus Korken

Das braucht ihr dazu:
- dünne Pappe
- wasserfeste Wachsmalkreiden, Bleistift
- Korken
- Handbohrer
- dünne Schnur
- Schere
- Küchenmesser
- Küchenbrett als Unterlage

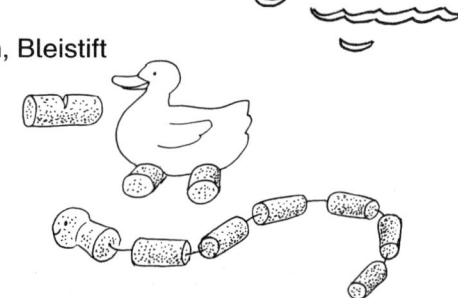

So wird es gemacht:
- Zeichnet verschiedene Schwimmtiere mit Bleistift auf die Pappe und schneidet die Tiere aus. Bemalt die Tiere mit wasserfesten Wachsmalkreiden.
- Schneidet mit einem Küchenmesser in der Mitte des Korkens eine etwa einen Zentimeter tiefe Kerbe. Arbeitet auf dem Küchenbrett. Steckt jedes Schwimmtier auf zwei Korken.
- Für die Seeschlange durchbohrt ihr die Korken mit einem Handbohrer und fädelt sie auf eine Schnur. Als Kopf eignet sich besonders gut ein Sektkorken.

5. Der Sommer schmeckt gut

DIE BEDEUTUNG VON OBST UND GEMÜSE

Der Früchtebaum

Die vergrößerten Früchte (vgl. KV 37) werden auf dünne Pappe geklebt, angemalt und an den Zweigen eines Astes aufgehängt. Die Blätter mit den Nährstoffen von Obst und Gemüse (vgl. KV 38) werden auf grünen Tonkarton kopiert und mit dünnem Basteldraht ebenfalls an den Zweigen befestigt.

- *Tipp 1:*
Die Früchte werden aus Pappmaché oder Salzteig geformt.
- *Tipp 2:*
Die Früchte und die Blätter werden an einem Holzreif befestigt oder zu einem Mobile verbunden.

KV 37

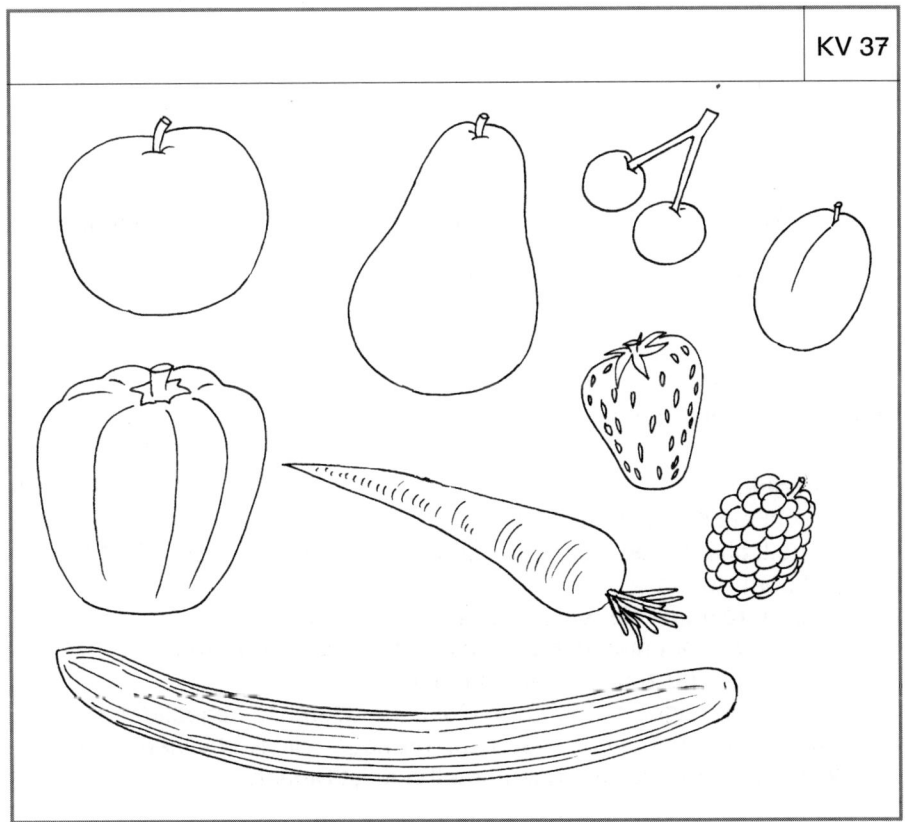

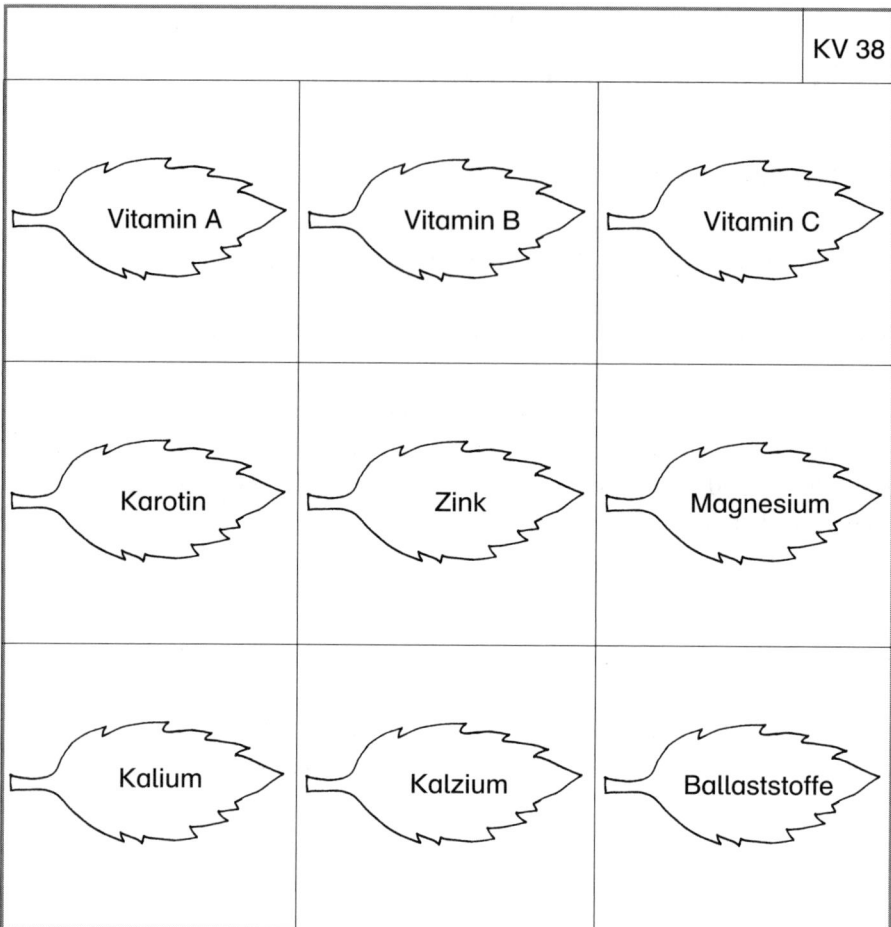

Vitamin A

Vitamin B

Vitamin C

Karotin

Zink

Magnesium

Kalium

Kalzium

Ballaststoffe

Würfelspiel: Obst und Gemüse sind gesund

Spielregeln:
- Mischt die Karten und dreht sie um.
- Verteilt alle Karten in Form einer großen Frucht (zum Beispiel Birne) auf dem Boden.
- Würfelt reihum. Wer eine Sechs würfelt, beginnt.
- Würfle, rücke entsprechend viele Karten vor und drehe die Karte um, auf der du zum Stehen kommst.
- Ist auf der umgedrehten Karte Obst oder Gemüse abgebildet, darfst du die Karte behalten. Ansonsten drehst du die Karte wieder um.
- Wer zuerst fünf Karten gesammelt hat, ist Sieger.

Karotte	Radieschen	Salat	Kartoffel
Kohlrabi	Blumenkohl	Paprika	Gurke
Zucchini	Bohnen	Apfel	Birne
Zitrone	Orange	Kirsche	Kiwi
Banane	Ananas	Pflaume	Trauben

Schokokuss	Zuckerwatte	Bonbon	Schokolade
Gummibärchen	Lolli	Torte	Praline
Cola	Kekse	Limonade	Waffeln
Eis	Schokoriegel	Kuchen	Hamburger
Weißbrot	Pudding	Zucker	Kaugummi

EINFACHE REZEPTE FÜR KINDER

Die folgenden Rezeptkarten sollen Kinder anregen, aus den gesunden Früchten der Saison möglichst eigenständig in kleinen Gruppen leckere Gerichte zuzubereiten. Die Lehrerin macht dabei gezielt auf die Früchte, die gerade reif sind, aufmerksam und spricht über gesunde Nährstoffe dieser Früchte. Alternativen zum Süßen mit Zucker werden erprobt. Besonders motivierend ist es für die Kinder, wenn sie das Obst und Gemüse selber im Schulgarten ernten können und die zubereiteten Speisen am Sommerfest zusammen mit Gästen probieren.

Rettichratte

Das braucht ihr dazu:
- Rettich
- Kohlblätter
- Radieschen
- Olive mit Tomatenfüllung
- Zahnstocher
- Küchenmesser
- Schneidebrett

So wird es gemacht:
- Wascht das Gemüse gründlich und trocknet es ab.
- Entfernt bis auf wenige Reste die Blätter des Rettichs.
- Lasst die Wurzeln nur in der Nähe der Rettichspitze stehen.
- Schneidet die Spitze des Rettichs ab. Steckt ein Radieschen an einen Zahnstocher und befestigt ihn an der Rettichspitze.
- Steckt weitere Zahnstocher als Barthaare in den Rettich.
- Schneidet zwei tiefe Kerben für die Ohren in den Rettich. Steckt in die Öffnungen Kohlblätter.
- Schneidet eine Olive in Scheiben. Steckt an die Stelle der Augen einen Zahnstocher in den Rettich und befestigt daran die Olivenscheiben.

- *Tipp:*
Legt die Rettichratte in die Mitte einer Gemüseplatte.

Birnenigel

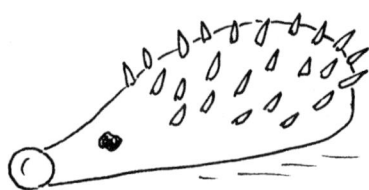

Das braucht ihr dazu:
- Birnen
- Kirschen
- Mandelstifte
- Rosinen
- Zahnstocher
- Küchenmesser
- Schneidebrett

So wird es gemacht:
- Wascht das Obst gründlich und trocknet es ab.
- Halbiert die Birnen.
- Schneidet ein kleines Stück von der Spitze der Birne weg.
- Spießt eine Kirsche auf einen Zahnstocher. Befestigt den Zahnstocher an der Birnenspitze.
- Steckt die Mandelstifte als Stacheln in den dicken Teil der Birne.
- Legt zwei Rosinen als Augen auf die Birne.

- *Tipp:*

Wenn ihr die Birne schält, müsst ihr sie mit Zitronensaft beträufeln. Sonst wird die Birne braun.

Obst- und Gemüsespieße

Das braucht ihr dazu:
- frisches Obst und Gemüse
- Schaschlikspieße
- Küchenmesser
- Schneidebrett

So wird es gemacht:
- Wascht das Obst und Gemüse gründlich und trocknet es ab.
- Einige Obst- und Gemüsesorten müsst ihr schälen.
- Schneidet das Obst und das Gemüse in kleine Stückchen.
- Steckt die Obst- oder Gemüsestückchen auf die Schaschlikspieße.

- *Tipp:*

Besonders schön sehen die Spieße aus, wenn ihr bei den Farben der Früchte abwechselt.

Bunter Gemüsesalat

Das braucht ihr dazu:
- zwei Kohlrabi
- eine Karotte
- einen Apfel
- drei Esslöffel Rosinen
- ein Esslöffel Zitronensaft
- eine Tasse saure Sahne
- eine Prise Salz
- Küchenmesser
- Gemüseraspel
- Schneidebrett
- große Schüssel
- große Löffel zum Mischen

So wird es gemacht:
- Schält und raspelt die Kohlrabis und die Karotte.
- Wascht den Apfel ab und raspelt ihn auch.
- Jetzt gebt den Zitronensaft darüber.
- Vermengt das geraspelte Gemüse und Obst mit den Rosinen.
- Gebt zur sauren Sahne eine Prise Salz.
- Gießt die saure Sahne über den Salat.

- *Tipp:*
Ihr könnt den Gemüsesalat auch mit frischen Kräutern (zum Beispiel Kresse, Melisse, Schnittlauch) dekorieren.

Sommerlicher Obstsalat

Das braucht ihr dazu:
- frisches Obst
- Zitronensaft
- geriebene Nüsse
- Rosinen
- Ahornsirup oder Honig zum Süßen
- Küchenmesser
- Schneidebrett
- große Schüssel
- große Löffel zum Mischen

So wird es gemacht:
- Wascht das Obst gründlich und trocknet es ab.
- Einige Obstsorten müsst ihr schälen.
- Schneidet das Obst in kleine Stückchen.
- Mischt die Obststückchen miteinander.
- Gebt den Zitronensaft über das Obst.
- Fügt die geriebenen Nüsse und Rosinen hinzu.
- Probiert den Obstsalat. Wenn ihr ihn noch süßen wollt, gebt etwas Honig oder Ahornsirup dazu.

Ein süßer Dip

Das braucht ihr dazu:
- 250 Gramm Quark
- acht Esslöffel süße Sahne
- ein Teelöffel Zimt
- ein Teelöffel Honig
- zwei Esslöffel Kokosflocken
- Karotten und Äpfel
- Küchenmesser
- Schneidebrett
- große Schüssel
- Löffel zum Umrühren

So wird es gemacht:
- Putzt die Karotten.
- Wascht die Äpfel. Schneidet sie in Stücke.
- Verrührt in einer großen Schüssel den Quark mit der Sahne.
- Fügt Zimt, Honig und Kokosflocken hinzu.
- Taucht die Apfelstückchen und die Karotten in den Dip.

Erdbeermilch

Das braucht ihr dazu:
- ein Liter Milch
- 250 Gramm Erdbeeren
- Honig oder Ahornsirup
- Küchensieb
- Schüssel
- Gabel
- Quirl
- Mixbecher

So wird es gemacht:
- Schüttet die Erdbeeren in das Sieb und wascht sie gründlich unter fließendem Wasser ab. Lasst die Beeren gut abtropfen.
- Entfernt von den Erdbeeren die Stiele.
- Gebt die Erdbeeren in die Schüssel. Fügt Honig oder Ahornsirup dazu.
- Zerdrückt die Erdbeeren mit der Gabel zu feinem Mus.
- Fügt etwas Milch hinzu und verrührt sie mit dem Erdbeermus.
- Gebt die Erdbeermasse in den Mixbecher. Gießt die restliche Milch dazu. Rührt kräftig mit dem Quirl um.
- Schüttet die Erdbeermilch in Gläser.

- *Tipp:*
Dekoriert die Gläser mit Erdbeeren. Steckt dazu eine Erdbeere auf einen Schaschlikspieß. Legt den Spieß über das Glas.

Erdbeereis

Das braucht ihr dazu:
- 500 Gramm Joghurt
- 250 Gramm Erdbeeren
- 3 Esslöffel Honig
- 1 Päckchen Vanillezucker
- Küchensieb
- Gabel
- großer Löffel zum Mischen
- Schüssel

So wird es gemacht:
- Gebt die Erdbeeren in das Sieb und wascht sie gründlich unter fließendem Wasser. Lasst die Beeren gut abtropfen. Entfernt die Stiele der Beeren.
- Rührt den Honig in den Joghurt.
- Zerdrückt die Erdbeeren in einer Schüssel mit der Gabel zu Mus.
- Mischt das Mus mit Joghurt und Vanillezucker.
- Stellt diese Mischung für einige Stunden ins Gefrierfach.
- Lasst das Eis etwas antauen, bevor ihr es esst.

Fruchteis

Das braucht ihr dazu:
- frische Früchte
- Fruchtsäfte
- Eiswürfelbehälter aus dem Gefrierfach
- Zahnstocher
- Küchenmesser
- Schneidebrett

So wird es gemacht:
- Wascht die Früchte gründlich. Einige Früchte müsst ihr auch schälen.
- Schneidet große Früchte in kleine Stückchen.
- Legt in jedes Eiswürfelfach ein Fruchtstückchen. Steckt einen Zahnstocher hinein.
- Füllt die Eiswürfelformen mit Fruchtsaft auf. Gießt die Formen aber nicht ganz voll, weil sich das Eis ausdehnt.
- Stellt den Eiswürfelbehälter vorsichtig ins Gefrierfach. Nach ein paar Stunden könnt ihr euer Fruchteis genießen.

- *Tipp:*
Lasst die Fruchteiswürfel in einem Glas Limonade oder Saft schwimmen.

Rote Grütze

Das braucht ihr dazu:
- ein Kilogramm gemischte Beeren (auch entkernte Kirschen)
- vier Esslöffel Zucker
- zwei gehäufte Esslöffel Speisestärke
- ein halber Liter Wasser oder Kirschsaft
- große Schüssel
- Kochtopf
- Kochlöffel
- Küchensieb
- Tasse

So wird es gemacht:
- Gebt die Beeren in das Sieb und wascht sie gründlich unter fließendem Wasser. Lasst die Beeren gut abtropfen. Entfernt alle Stiele.
- Gebt die Beeren, den Zucker und das Wasser oder den Fruchtsaft in den Kochtopf. Bringt alles zum Kochen.
  Rührt unbedingt immer wieder um.
- Entfernt den Kochtopf von der Herdplatte.
- Verrührt die Speisestärke mit etwas Wasser in der Tasse zu einer weichen Masse. Gießt die Masse in den Topf mit den gekochten Beeren.
  Rührt das Ganze gut um und lasst es noch einmal aufkochen.
  Vergesst nicht, immer wieder umzurühren.
- Füllt die rote Grütze in eine Schüssel und lasst sie auskühlen.

- *Tipp:*
Gießt über die Grütze etwas süße Sahne.

Die Autorin

Anna Merzinger, Lehrerin an der Grundschule Wiesau/Oberpfalz, Studium der Schulpsychologie, tätig als Betreuungslehrerin und in der Lehrerfortbildung. Veröffentlichungen zum Deutschunterricht im Oldenbourg Schulbuchverlag.